ちくま新書

あやつられる難民
——政府、国連、NGOのはざまで

米川正子
Yonekawa Masako

1240

Refugees Manipulated by Governments, United Nations and NGOs

by

Yonekawa, Masako

あやつられる難民——政府、国連、NGOのはざまで【目次】

凡例

・ルワンダのエスニック集団、あるいは社会的・生業集団は、多数派フツ（80〜85%）、少数派ツチ（10〜15%）と残りのトゥワに分けられる。それぞれ「○○族」とも表現されるが、その用法は差別的なニュアンスが含まれるため、本書ではその用語は避けている。
・コンゴ民主共和国は、1971−1997年までザイール共和国という国名だったが、本書では年代にかかわらず、国名をコンゴに統一して呼称する。

略語一覧

AFDL	コンゴ解放民主勢力連合（コンゴの反政府勢力、1997年にコンゴの政権を奪取）
ANC	アフリカ民族会議（南アフリカの政党、現政権）
CIA	中央情報局（アメリカ合衆国）
CPA	南北包括和平合意（スーダン）
EPLF	エリトリア人民解放戦線
FDLR	ルワンダ解放民主軍（ルワンダの反政府勢力）
HRW	ヒューマン・ライツ・ウォッチ（国際人権NGO）
ICC	国際刑事裁判所
ICTR	ルワンダ国際刑事裁判所
IOM	国際移住機構
IRC	国際救済委員会（アメリカのNGO）
JICA	国際協力機構
LRA	神の抵抗軍（ウガンダの反政府勢力）
MSF	国境なき医師団
NRM	国民抵抗運動（ウガンダ元反政府勢力、現政権）
NSA	国家安全保障局（アメリカ合衆国）
OAU	アフリカ統一機構（現在のアフリカ連合）
OCHA	国連人道問題調整事務所
PKO	国連平和維持活動
RPF	ルワンダ愛国戦線（ルワンダ元反政府勢力、現政権）
SPLM	スーダン人民解放軍（スーダン元反政府勢力、現政権）
UNHCR	国連難民高等弁務官事務所
UNRWA	国連パレスチナ難民救済事業機関
WFP	国連世界食糧計画

はじめに

†最悪の難民危機

二〇一五年以降、紛争、迫害や人権侵害を理由に移動を強いられている難民について、日本を含む世界のマスコミはほぼ毎日、報道している。ヨーロッパに移動する大量難民、「テロリスト」と疑われるアラブ系難民の若者、移動中に亡くなった大勢の難民の命、そしてさまざまな危険に直面し、祖国や他国への強制送還や追放にあい、そして搾取される難民たち――。

現在、世界にとって最悪の難民危機を迎えている。二〇一五年末時点で、難民が第二次世界大戦以来、最も多い六五〇〇万人以上に達し、一二〇人に一人が難民という時代だ。大量難民の動きに伴って、日本社会でも、「難民をもっと受け入れて認定すべきだ」という声をあちこちで聞くようになり、難民への関心が高まった。大学においても、数年前に比べると、難民について学びたいという学生が増えている。

二〇一五年以降、犯罪者やいわゆる「テロリスト」が難民の集団に紛れ込んで、「難民」に偽装したと言われる事件がヨーロッパで続いた。そのような誤解があったからなのか、同年、はすみとしこ氏の「そうだ難民しよう!」がネットで普及され、しかも本まで出版された。はすみ氏は、「偽装難民」の欲求がベーシック・ヒューマン・ニーズから「贅沢・おしゃれ」とより洗練されたものへと徐々にエスカレートしており、「偽装難民」はその欲求を「他人の金で」賄ってほしいのだと欲求した。

海外サイトStepFEEDは、「自分が大統領になったらシリア難民を帰国させる」と演説したドナルド・トランプ氏に次いで、はすみ氏を「シリア難民問題へ最悪のリアクションを起こした七人」に選び、BBCやワシントン・ポストも、はすみ氏を差別主義者として報道した。何という恥ずべき事態だろう。

二〇一六年のリオデジャネイロ・オリンピックでは、難民の選手団が初めて参加したことが世界で話題になった。選手団は、エチオピア、コンゴ民主共和国(以下コンゴ)、シリア、そして南スーダン出身で、開会式でオリンピックの旗を先頭に入場した際に、開催国ブラジルに次ぐ大歓声で迎えられた。彼らの参加が「世界の難民に希望を与える」という。それは残念ながら、オリンピック前・中という限定された期間だけであり、難民選手団は難民の原因から注意を散らすために役立ったという皮肉な見方さえできる。

二〇一六年九月、難民などへの支援を議論する国連初の「難民と移民に関するサミット」が開催された。そこでは、難民への支援を国際社会が公平に分かち合うとする「ニューヨーク宣言」が全会一致で採択された。しかし「国際社会」が難民を保護・支援することは当然であり、なぜ今さらそれを議論するために、わざわざ多額を費やして会議を開催したのか理解しがたい。

†難民が持つ国際社会への反感

この難民サミットに関して、あるホロコーストのサバイバーが、二〇一六年九月二一日放送のネットメディアの「デモクラシー・ナウ！」でこのように話した。

難民サミットを聞いて（ルーズベルト大統領の呼びかけで開催された、一九三八年七月六〜一五日の）エビアン会議を思い出した。（ユダヤ難民の問題を議論するために三二カ国が参加したが）そこで決定されたのは、（コスタリカとドミニカ共和国以外の国々は）子供をはじめとする難民を受け入れないことであり、その三週間後、ドイツにいた我々一万七〇〇〇人のユダヤ人は一斉検挙され、ポーランドに追放された（本会議は、結果的にナチのプロパガンダとして役に立った）。

今回の国連の会議の参加者・国は美談だけを話す一方で、悲惨な状態が継続するのではないか懸念している。

右記のように、（元）難民が自身の経験をもとに、「国際社会」に不信感を抱いているのは当然だ。「国際社会」は人助けをしているはずと思う読者が多数いるだろうが、ルワンダ元難民のマリー・ビアトリス・ウムテシ氏（以下ビアトリス氏）は「国際社会は嫌いだ」と述べ、またあるシリア難民は、国際社会の役目は「調節や調整」というより「分裂や支配」だと言う。日本は「国際社会（助ける側）」にいるため、そのような感覚は薄いかもしれないが、難民らが「国際社会」に反感を持っていることに留意されたい。難民がそのような感情を抱くのは、「国際社会」が単に有言不実行だからだけではない。他にも理由は多数あるのだ。

「難民はかわいそう」という一般のイメージがある一方で、ＵＮＨＣＲ（国連難民高等弁務官事務所）職員はよく「難民のたくましさや強さに勇気づけられた」といった言葉を発する。確かに、難民は逃亡・避難を繰り返し地獄のような苦悩の中で、サバイバルしてきた。しかし裏返すと、それはＵＮＨＣＲやいわゆる「国際社会」が何の解決策を追求しないどころか、難民を犠牲にしている場合があるため、難民は神以外に頼るものがないという意味でもあるのだ。

難民と一言で言っても、実はさまざまな課題と直結している。それは、紛争、国家の責任と主権、外交関係、安全保障、人口問題、雇用（失業）、環境破壊、外国人嫌い、人種差別、人道支援（のビジネス）、密輸ブローカーなどである。このような問題が拡散する可能性、また早急の解決策を要することが理解されているにもかかわらず、残念ながら「国際社会」は特にその措置をとっているとは言えない。

歴史は繰り返すと言われているように、右記の難民サミット後の二〇一六年一〇月下旬、フランス北部のカレー難民キャンプが解体された。一一月には、難民・移民に対して厳しい措置をとることを明言してきたトランプ氏が米大統領選で勝利した。そして二〇一六年の地中海での死亡者数が五〇〇〇人を超え、年間の死亡者数としては過去最悪となった。結局、オリンピックとサミットの「一瞬」を除いて、日常生活では難民への差別や偏見が続いているのだ。

†国連職員として見た難民問題

私が難民に関心を持ち始めたきっかけは、犬養道子氏の『人間の大地』（中央公論社、一九八三）との出会いである。アジアやアフリカの難民の現状や南北問題について生々しく描かれたルポルタージュを読んだ時のショックと怒りは、今でも覚えている。

その本を読む前に、私は留学先のイギリスでジャマイカ人の友人から、毎日のように開発や人種問題について聞かされたこともあり、南北問題に関心を寄せていた。その後、中東でボランティア活動に参加し、一人旅をした際に、自分が現場向きであることを自覚した。難民がいる現場を自分の目で見たいという想いが強まり、現場に派遣する団体にいくつか応募したところ、国連ボランティアに採用された。カンボジアやアフリカ数カ国で活動している間に念願のUNHCR職員となり、ルワンダ、コンゴ、コンゴ共和国やスーダンなどで、難民、国内避難民（以下、避難民）と帰還民（母国に帰還した元難民）の保護に、またジュネーブ本部で難民の政策などに関わった。

『人間の大地』を読んだ後に、私がさらに難民や強制移動への関心を強めたのは、アフリカの中でも大湖地域（主にコンゴ、ルワンダ、ブルンジとウガンダを含む）という人の強制移動が激しい地域に、約一〇年間勤務していた影響が大きかったと思う。まるで玉突きのように、人々の移動が著しい。それは、ルワンダの虐殺やコンゴの戦争が起きた一九九〇年代だけではない。難民条約が採択された一九五一年以降に限定すると、一九五九年のルワンダ社会革命から一九六〇年代にかけて、少数派ツチが周辺国に向けて大量に難民化した。しかも、一回のみ難民になるならまだいい方で（それだけでも心身ともに労力を要し、経験したくないことだが）、一生のうち何度も国外に逃亡する人も、難民として国外に生まれて死ぬ人もいる。そのため、難民に「どこ出身？」と聞いても、「わからない」と答える人や、故郷への想いを特に抱いていない人が多い。大湖地域の国々は大変美しく、故郷として誇りを持ってもらいたいのに、何とももったいないことだ。

身の回り品を持って常に強制移動させせられる大湖地域の住民（コンゴ東部にて、2007年、筆者撮影）

多くのルワンダ人が、「自分は◯◯国に育ち、親戚は××国におり、△△国に住むいとこの結婚式に出席しなければならない」などと話すのを頻繁に聞いた。私のルワンダ人同僚のほとんどが亡命先の外国生まれの外国育ちで、「難民になることが当然」と認識されていた。一九四八年以降、難民化しているパレスチナ人同様に、ルワンダ人の難民化が通常化しているのだ。

私の日本人の友人は、このルワンダ人のディアスポラの現象を見て、「かっこいいな。自分の親戚は全員日本人で、日本にいるドメスティック派。なのに、ルワンダ人は世界に散らばっていてグローバル化している」と口にしたことがある。「グローバル化」と言えば魅力的に聞こえるかもしれない。が、彼らが自分の意思で国外にいるならまだしも、独裁政権や紛争などが原因で亡命生活を強いられているのであれば、あまりにも不幸だ。難民の中に、「自分が〇〇人（出身国）であることを恥とも思っているし、なぜ〇〇人として生まれたのか考えるとうつになりそう。だから、考えないようにしたいし、忘れたい」と嘆く姿を何度か見たことがある。このように、自分の故郷や先祖について堂々と話せないつらさを想像しなければならない。

ところで、ブルンジを除くこの大湖地域には、強制移動以外に、他のアフリカ大陸では見られない特徴がある。ウガンダ、ルワンダとコンゴの現国家元首は全員、元難民であり、そして全員が独裁者である。彼らは前政権を、内戦、虐殺や暗殺という方法で倒して政権を奪取した。

ウガンダのヨウェリ・ムセヴェニ大統領という「親分」は、一九七〇年後半にタンザニアに亡命し、二〇一七年現在四期目で三一年在職している。ルワンダのポール・カガメ大統領はウガンダで三〇年間の難民生活を送り、副大統領時代を含めて二〇一七年で二三年在職している（一九九四〜二〇〇〇年まで副大統領、兼防衛大臣だったが、実質上大統領の権力を有していた）。二〇一五年末の国民投票の結果によって、二〇三四年まで現職に居続ける可能性が高いが、そのまま終身大統領になることもあり得る。コンゴの前ローラン・D・カビラ（以下L・カビラ）大統領は、息子で現大統領のジョセフ・カビラ（以下J・カビラ）とともに一九六〇〜八〇年代にタンザニアに亡命していた。J・カビラ大統領は二〇一七年で一六年在職しており、憲法を改「悪」して三期目以降も居座る可能性が高い。

元難民の国家元首が再び新しい難民を生み出すという逆説的な悪循環が、ここにはある。

†本書の構成と狙い

一般的に難民は、武装グループやいわゆる「テロ集団」による紛争、迫害や人権侵害の犠牲者であるイメージが強いだろう。しかしそれ以外にも、本来、難民を保護し支援する任務を有する『善人』のはずの政府（難民受入国政府と拠出国政府）、国連（主にＵＮＨＣＲ）やＮＧＯが、しばしば難民の加害者になっている。難民がこれらのアクターと出身国政府にどのように操作され、利用（悪用）され、犠牲にされているかについて理解が大変浅いようだ。なぜこのようなことが起きるのだろうか。それは、難民が、単なる「かわいそうな人たち」だけではなく、ミシェール・アジエー氏の言葉を借りると、時おり「望ましくない人たち」（undesirables）であるからだ（Agier, 2011）。

このような難民の実態は、日本ではあまり知られていない。難民の保護や支援という実務や研究職に就いている「専門家」でさえ、十分に理解していなかったり（理解する意思があるかどうかは別として）、あるいは気づいていないと思う。偉そうに書いている私も情けないことに、かつ恥ずかしいことに、ＵＮＨＣＲで計一一年間勤務したにもかかわらず、難民が直面する問題が命を奪うほど深刻であることを十分に理解し始めたのは、ＵＮＨＣＲ退職後のことである。

難民が各国政府、国連やＮＧＯ（非政府組織）の間であやつられ、翻弄されているその困難な状況を、本書では主にアフリカの事例を中心に描き出そうと考えた。本書では初心に戻って、そもそも論から難民が抱えるさまざまな問題を（再）検証している。難民とは何者でどのような感情を抱いているのかという基本から始まり、難民がどれだけ操作されているのかを理解するために、政府、ＵＮＨＣＲとＮＧＯという難民問題の政策と実施に関わっているアクターと難民間の関係性、難民キャンプと人道支援の実態と目的、そしてそれぞれのアクターの思惑を分析してみた。

第一章では、難民問題の基本構造を解説する。難民は各国の国益に利用される政治的な存在であり、いわゆる偽装難民も、その出身国政府と「国際社会」が生み出した存在であることを説明する。

第二章では、難民を保護するＵＮＨＣＲがどのような組織なのか、またＵＮＨＣＲ職員らがどのような態度で難民と接しているのか、筆者の実体験を交えて解説する。ＵＮＨＣＲが、難民保護という本務を果たしえていない実態が見えてくるだろう。

第三章では、難民キャンプの問題を論じる。本来は一時的な解決策であるはずのキャンプが抱える人権侵害、暴力や軍事化等の問題とキャンプの隠れた目的について言及する。

第四章においては、難民の安全保障の問題を、ルワンダの実例をもとに論じる。ルワンダでは難民問題の長年にわたる未解決が虐殺に導き、その後も難民の暗殺という事態を生み続けている。この事態の背景を詳しく探りたい。

第五章では、難民問題の恒久的解決の一つである、難民の母国への帰還、そして難民地位の終了を巡る問題を検証する。前章に引き続いてルワンダの事例を取り上げ、虐殺や暗殺を目にした難民が帰還を拒否しているのに対し、UNHCRが難民地位の終了を通して「強制帰還」を促進していることの是非を論じる。

第六章では、人道支援の置かれているグローバルな構造を分析する。人道支援が、難民の苦悩をますます悪化させてしまうという逆説がなぜ起きるのか。その原因である、人道支援に隠されたアジェンダとは何かについて論証したい。

†自省の念

私は本書を自省のため、そして難民、避難民と帰還民へのお詫びのためにも書いた。

第三章で難民キャンプの本質を掘り下げたが、それにはキャンプに関して個人的につらい思い出がある。オックスフォード大学難民研究所の創設者で難民研究の第一人者、かつ法律人類学者でもあるバーバラ・ハレル＝ボンド氏（以下バーバラ氏）らの優れた、かつ批判的な論文がある。自分がＵＮＨＣＲ職員だった時、それらを読んでキャンプの性質を十分に勉強していたら、キャンプ以外の適切な方法で対応できたかもしれないと反省している。その一方で、キャンプの設営に関しては現地政府と拠出国（ドナー国）政府の意向と決定権があるため、果たして他の解決策を探ることができたのか正直疑問も残る。

二〇〇七年八月、私が勤務していたコンゴ東部で新しい避難民が大量に発生し、その翌月に最初の避難民キャンプが開設され、それ以降約一〇年の年月が経つ。キャンプの開設は避難民の保護どころか、軍事化を通して逆効果をもたらした。そして今後も避難民はそのキャンプに居続けることだろう。第一号のキャンプが開設された際、私も方針づくりの議論に加わったからこそ、このような羽目になったかもしれない。そう思うと、避難民に申し訳ない気持ちで一杯だ。このような思いがあるため、自分の履歴書の勤務内容に「難民や避難民の保護のために、キャンプの開設と運営に関わった」と記入する度に、読む側は「大変だろうに、よく頑張った」と評価するかもしれないが、私は自省せざるを得ない。

また第五章で明記したように、難民の帰還に関する理解も不足していた。一九九六年にルワンダ難民の強制帰還（避難）があった時、難民帰還は紛争後の国の復興や平和構築の中で重要な役割を果たしていることは知っており、自分がその「帰還」という重要な業務に携わっていたことに誇りを持っていた。しかし、当時、私は二〇代でかつＵＮＨＣＲでの勤務が初めてだったこともあり、難民が直面していた深刻な問題や仕事内容について詳しく知らないまま、帰還を促進していた。今振り返ると、自分はなんてナイーブで無知だったことか。

†難民の視点から

本書に関して留意点がいくつかある。

まず、難民（時おり避難民や帰還民にも応用することを留意されたい）と一口に言ってもさまざまな人間がおり、当然、善人も悪人もいる。特に二〇〇一年九月一一日の同時多発テロ以降、そして二〇一五年一一月のパリ同時多発テロなど難民が関与していると思われる犯罪が相次いでから、難民は「厄介な者」「犯罪人」や「テロリスト」だというネガティブなイメージが世界各地に拡散した。ほとんどの場合、イスラム教徒に対するプロパガンダであるが、出身国政府が政治的利用を目的に、意図的にそのように呼ぶこともある。

難民が「国際社会」から同情を買うために、難民が有する犠牲者意識（victimhood）を強調し、不法なビジネスやテロを繰り広げるという難民の地位を乱用するケースがある。本書はそのような事例を取り上げず、あくまで難民自身が「国際社会」によって乱用されるケースのみに言及する。いわゆる「偽装難民」に関しても取り上げるが、それはすみ氏が言う貪欲を持つ人々ではなく、「国際社会」から見捨てられたり、政治や安全面の理由上、偽装を強いられたケースのみ取り上げる。

本書で挙げる難民の事例について、特にルワンダ難民のそれを何回か取り上げる。その理由は、私が自身の現場経験、研究と活動を通じてルワンダ難民の問題を知っているからだけではない。世界の難民、特にアフリカの難民を長年にわたり研究してきたバーバラ氏によると、本難民問題は、非常に例外的なケースにこそ、学ぶべき点が多いからだ。ルワンダ難民以外に、コンゴ難民、他のアフリカ諸国、アジア、中東や南米などの難民の事例も多少用いている。

本書で数回触れる国連の報告書について説明を補足したい。国連は一つの機関として認識されがちだが、実は国連専門家グループ（UN Group of Experts）という国連安全保障理事会（以下、国連安保理）から独立した調査グループがあり、国連安保理の見解と異なった報告書を公表している。例えば、国連安保理は重大な人権侵害を犯した加害者・加害国を曖昧にしがちだが、本グループの報告書には、加害に関与した国名、企業名や個人名が公表されている。本グループの見解は難民のそれに近いのだが、必ずしも国連安保理が同報告書の提言を議論するという保証はない。

また私自身は難民法を研究しておらず、また在日の難民の保護や支援にほとんど関わっていないため、それらの問題については触れない。本書では国連のアクターとして主にＵＮＨＣＲを取り上げるが、国連安保理、国連平和維持軍（ＰＫＯ）と国際裁判所についても少々触れる。

NGOの役割についても言及するが、それは人道支援団体と人権団体の両方を含む。

そして最後に、私は当然、難民を代弁できないが、なるべく彼らの視点から難民が抱える問題について書くように心がけた。そのために、バーバラ氏の主張がすべて正論ではないと受け取る読者もいるだろうが、難民の観点を重視した同氏の貴重な指摘を共有するために、あえて同氏の論文を数回引用している。バーバラ氏のように難民の保護について真剣に取り組んできた個人や政府などについても取り上げるが、本書のほとんどは政府や数団体の政策や行為を批判している。本書は辛口に書いており耳が痛い指摘もあるだろうが、特定の団体に対するバッシングを意図したものではない。本書をきっかけとして、難民が直面する問題の改善に向かうことを願っている。

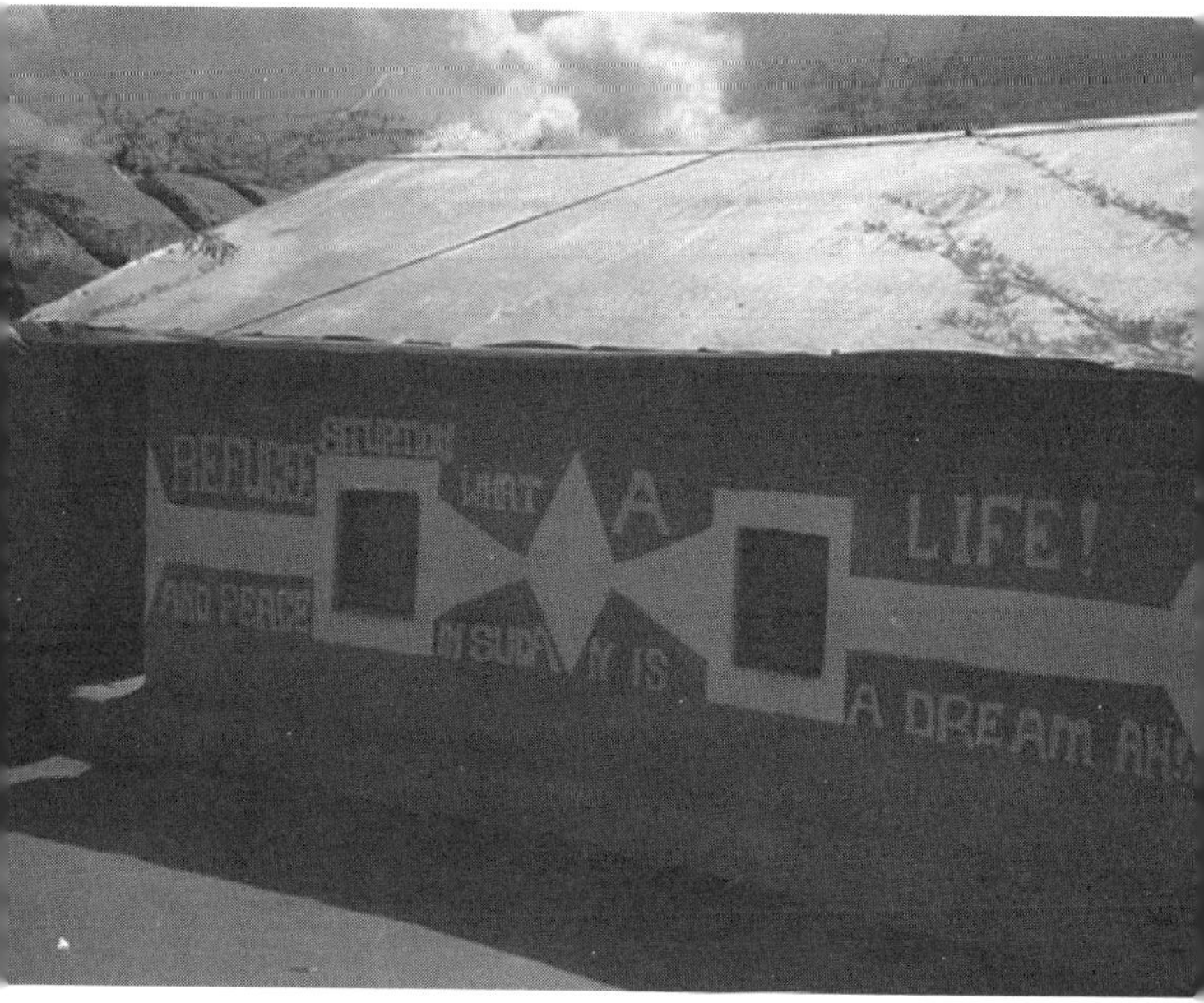

第一章

難民問題の基本構造

スーダン難民の家に「難民の状況、何ていう人生だ！スーダン（現在の南スーダン）に平和が訪れるように、ああ！」というメッセージが描かれている（ケニアのダダーブ難民キャンプにて、2000年、筆者撮影）

1　難民とは何者か？

難民の定義

難民問題を学ぶにあたって、一般的に難民の定義から入ることが多いが、当然、その定義ができる前から強制移動は発生している。アフリカに限定すると、一五世紀以前、人々は部族や民族間の紛争から逃亡したり、家畜の水源を探したり、また農作物を変えるために移動を強いられた。一五世紀に奴隷制度が開始した際に、奴隷商人による誘拐から逃亡するために大量の人々が移動した。植民地時代の一九世紀中、一般市民は商業用農産物の強制的栽培・リクルートから逃亡した。

一九五一年の「難民の地位に関する条約」（難民条約）によると、難民の定義は一般的に以下の通りである。

「人種、宗教、国籍もしくは特定の社会的集団の構成員であること、または政治的意見を理由に迫害を受けるおそれがあるという十分に理由のある恐怖を有するために、国籍国の外にいる者であって、その国籍国の保護を受けられない者、またはそのような恐怖を有するためにその

国籍国の保護を受けることを望まない者。」（傍点は筆者が追加）

しかし正確には、右記の定義の冒頭に「一九五一年一月一日前に（ヨーロッパにおいて）生じた事件の結果として、かつ、」という文言がある。言い換えると、本条約は、「国際社会」がホロコーストの犠牲者であるユダヤ難民への支援に失敗したために、難民の権利と、対難民の国家の義務に関する最初の国際的合意として築かれたのである。その地理的・時間的制約を取り除き、普遍的にするために、一九六七年に「難民の地位に関する議定書」が採択された。通常、この二つを合わせて「難民条約」という。迫害と虐殺から逃れた人たちに背を向けるなという法的な文書である難民条約に、一四八カ国が署名した。

アフリカ諸国はこの難民条約に加盟したものの、国際文書である本条約がアフリカの難民の現状を反映していないことに不満を持ち、そのギャップを埋めるために、一九六九年、「アフリカにおける難民問題の特殊な側面を規律するアフリカ統一機構（OAU）条約」（以下「OAU難民条約」）に難民の定義を追加した。それは、「難民とはまた、外部からの侵略、占領、外国の支配、出身ないしは国籍国の一部ないしは全体において公的秩序を大きく乱す出来事のために出身ないしは国籍国の外に避難所を求めるために常居所地を去ることを余儀なくされた者」である。そして一九八四年、南米の「難民に関するカルタヘナ宣言」では、「生命、安全または自由が、一般化した暴力、外部からの侵略、国際紛争、大規模な人権侵害または公の秩序を著しく乱す他の事情によって脅かされた者」も難民の定義に含まれている。

つまりどちらの地域機構も、「紛争の犠牲者」を定義に追加した。しかし、一九五一年の難民条約の定義にある「政治的意見」に、紛争に関する意見がすでに含まれていると拡大解釈する専門家もいる。また双方の地域機構の定義に対して、難民条約で難民になった人を時おり「伝統的な」という呼び方をする人もいる（その事例として、第四～五章で現在のルワンダ難民の事例を紹介する）。

本定義のみを学んでも難民の実態は理解しがたい。そのため、本章では、難民とはどのような存在なのかという基本から説明する。

✣難民定義からは見えない難民の実態

この難民定義には不明な点があるので、一つ一つの用語に説明を補足したい。

「特定の社会的集団」というのは、例えばＬＧＢＴ（性的少数派）のようなマイノリティ・グループを指す。特に二〇一五年から二〇一六年にかけて、大量難民の移動の報道ぶりのみを見ていると、家族単位や集団で移動するイメージをもたれるだろう。しかし、例えばＬＧＢＴのように個人単位で移動する人もいる。社会的集団や政治的意見を持つ人の家族全員が同様な考えを持つとは限らないからだ。

「迫害」という用語はあまり馴染みがないが、UNHCRの元同僚の言葉を借りると、「組織的ないじめ」とも言え、それは生命や自由への脅威となる。学校や勤務先などでいじめにあった人がいじめた人に対して恐怖を持って国外に避難したとしても、そのいじめが個人レベルのものであれば、難民として認定されない。一回限りのいじめではなく、南アフリカ（以下、南ア）のアパルトヘイトのような法律化された構造でなければ、迫害と言えないのだ。

この迫害は、「迫害を受けた」という過去の出来事の有無を難民の要件としたのではなく、「迫害を受けるおそれ」という将来的見込みを難民の要件としていることも留意されたい。確かに、迫害を受けた後に逃亡するのは難しく、時には不可能である。迫害を受けた時点で、すでに命を失うこともあるからだ。この将来的危険（見込み）こそが、難民の定義の真髄をなしているのだ（ハサウェイ、二〇〇八）。

想像するとわかるように、人間は自分の意思に反して、故郷や住み慣れている場所から他の場所に移ることは安易にできない。重大な人権侵害があったり、自分の命が狙われたりするからこそ逃亡を強いられる。言い換えると、深刻な問題や事件が起きるからこそ難民や避難民が発生する。その迫害の加害者は国家と非国家主体（non-state actors）の両アクターを指すが、場合によっては国民保護の責任を有するはずの国家が加害者になることが多い（一九五一年の難民条約の定義も、まさにナチス・ドイツという国家による迫害を指している）。そのこと自体は深刻であり、これについて後述する。

難民は「十分に理由のある恐怖を有する者」であるが、この恐怖について説明しよう。UNHCRは、その恐怖には当事者の主観的事情の他に、迫害の恐怖を抱くような客観的事情が存在していることが必要だとしている。その客観的事情とは、出身国政府などが他の自国民とは異なり、特に当該人を迫害の対象としている具体的な事情を指す。

その恐怖を持った人々が安全を求めて難民として国外に逃亡したと聞くと、一般的に、「逃亡できてよかったですね」「国外に出て安心ですね」と安堵感を抱く人もいるだろう。しかし国外を脱出したからといって、難民の恐怖が必ずしもなくなるわけではない。難民になっても、彼らに対する政治的、人種的や宗教的迫害、そして市民的、政治的、経済的、社会的、文化的権利の拒絶が続くために、恐怖は続く。中には、後述のルワンダ難民のように国外に出た後、客観的事情により、その恐怖心がより一層強くなった人もいる。恐怖が原因でさらに逃亡し続ける人や、難民が亡命先で暗殺されるケースもしばしばある。

難民はなぜ恐怖心を持ち続けるのだろうか。紛争国、あるいは紛争後の国で人々が苦しんでいる理由は、紛争で家族や所有物を失ったからだけではなく、紛争中に起きた不条理や不都合な事実――例えば、被害者と思われている者が実は加害者であったこと――を公的な場で話す自由がないこととも関係している。話してしまうと殺される場合があり、実際にルワンダの虐殺以来、それが原因で難民になった人たちが多数おり、常に恐怖を抱いている。また難民は怒り、フラストレーションや敵対心という感情も持ち、これに関して後述する。

難民が有する恐怖は、難民だけでなく難民の受入国にも拡散することがある。特に、「はじめに」で言及したように、「テロ」事件が起きる度に、「(アラブ系)難民＝テロ」というイメージや先入観が主に西洋諸国で普及され、一般の人々は恐怖心に煽られる。一九九四年のルワンダの虐殺後も、同様な恐怖心が周辺国に広がった。大量のルワンダ難民が発生しただけでなく——タンザニア西部では当時、ルワンダ難民三人に対して現地住民一人という割合で難民が流入した——、彼らとともに「虐殺首謀者」が近隣国に流出したからである。

現在、シリアやアフリカ諸国からヨーロッパに逃亡している難民のように、世界各地の緊急事態にいる難民は、難民全体のほんの一部である。実はパレスチナ難民を含む半分以上の難民は、二〇年以上にわたって長年国外に住むことを強いられている。このように、五年以上国外にいる宙ぶらりん状態にいる難民を、UNHCRは「長期的滞留難民(protracted refugee situation)」と呼んでいるが、五年どころか、現在は難民の平均の滞在期間は二六年間にも及び、この年数は年々長くなっている。つまり、将来、希望も夢も持てない人たちがどんどん増えていることになる。これは間接的に、政府——出身国だけでなく、受入国と拠出国も——やさまざまな機関の無責任や無関心を意味している。難民への偏見と差別、人権侵害行為の黙認と西洋諸国のダブルスタンダードといった行為がその背景にある。

†難民と認定されない人々

次に誰が難民として認定されるべきかについてだが、近年問題視されている「環境難民」、つまり温暖化や干魃《かんばつ》などにより故郷を逃れざるを得なくなった人々は、難民条約上の難民の定義には該当しない。一九八〇年代に飢餓から逃れるために、モザンビークからジンバブエに越境した人々が約九万人いたが、UNHCRや他の機関は何の行動もとらなかった。二〇一二年、ソマリアの飢餓が原因でケニアに越境した人たちが多数おり、正確には難民ではなかったものの、その中には紛争から避難した人も紛れている可能性が高かったので、難民として受け入れられた。インドネシアの紛争地域であったアチェ州にいた避難民は、二〇〇四年のインド洋の大津波の際に天災と人災の二重の犠牲者になり、二度目の避難を強いられた。このような「環境難民」の数は、二〇一二年版のUNHCRの『世界難民白書』によると、二〇五〇年までに二五〇〇万人から一〇億人に達すると推計されており、難民の定義を拡大すべきではないかという議論がある。

ただし後述する移民のように、環境破壊の影響を受ける事実に差別的な要素——例えば、環境に恵まれた地域にいる住民が、政治的な理由から環境的に厳しい地域に強制移住させられる

——が入っていることもかなりあるため、該当しないとは言い切れないこともある。

難民は「文民」でなければならず、難民条約でも、平和に対する犯罪、戦争犯罪及び人道に対する犯罪、避難国外で重大な犯罪（政治犯罪を除く）を行った人は、難民の地位を否定されることになっている（「除外条項」）。しかし第四章で後述するように、戦争犯罪人が難民認定されるという例外もある。

難民地位を取得できない人は、援助物資、庇護と永久的な定住などを受容できないという意味では、難民は「特典のある」立場である。確かに難民は国外に逃亡できる「自由」があり、主要メディアで報道されたり注目を浴びたりするだけでも、まだましと言えるかもしれない。そのような亡命の自由もなく、国内でほとんど監禁状態に置かれる人がいることも留意されたい。そのような人々は自国政府にとって不都合な情報を持ち、外国に行くとリークされる危険性があるため、母国にいても家族以外の人とほとんど接触することがなく、当然世間に知られることはほぼない。

例えば二〇〇一年、コンゴのL・カビラ大統領の暗殺に関する情報を把握している元側近は海外に亡命する自由もなく、国内での滞在を強いられているという。またルワンダの虐殺後に大統領を務めたパスター・ビジムング氏は二〇〇〇年に辞任させられた後、野党を結成したが、カガメ大統領はその党が違憲であると訴えた。その後に投獄され数年後に解放されたが、彼の人生は囚人扱いでどこへ行くにも警察がついてくる。ルワンダ国内の博物館に飾ってある歴代の大統領の写真を見ると、他の大統領と違って、ビジムング氏の写真にはほとんど解説がない。名前は存在しているが、まるでこの世の中に実質的に存在していないようだ。このような人々を考えると、難民の存在の方がまだましと言えるかもしれない。

†難民と亡命者・移民・国内避難民、難民申請者との違い

難民と他のカテゴリーが勘違いされることが多いため、その違いについて説明したい。

一般的なイメージとして、難民とは難民キャンプで生活している「かわいそうな」「貧しい」者であり、それに対して亡命者は反体制者であったり、あるいは政府関係者・支持者が離反者・反体制派（dissident）になるなど政治的な性格が強い。私は南アに留学していた際に、友人らが「自分は、アパルトヘイト時代に亡命していた（I was in exile）」と、決して「難民」を口にしなかったことに気づいた。一九七〇〜八〇年代の南部アフリカではアパルトヘイトの解放運動が盛んで、白人政権に対して果敢な闘争を繰り広げたアフリカ民族会議（ＡＮＣ）のリーダーらは国外に亡命していた。しかし第三章で後述するように、キャンプにいる難民は必ずしも非政治的ではない。

迫害を受ける恐れのある人が国境を越えた瞬間に「難民」になるが、この難民の地位は、主

に先進国では受入国政府に申請して認定されないと取得できない。この申請プロセスは受入国によるが、「十分に理由のある恐怖を有する真の難民」かどうかを調べるために個別の面接・審査が必要だ。難民地位を取得するまでの期間、正式にその人は「難民申請者」であるが、国際法にはそのような地位は存在せず、あくまで国内法のステータスである。難民認定審査は本来なら身分証明書を確認しながら丁寧に行わなければならないが、身分証明書を逃亡中になくした、あるいはもともとなかったという人も多い。その上、何万人単位の難民の集団がいる難民キャンプでは、個別対応が物理的にできないので、その場合「一応の（prima facie）集団的難民」として認定される。

難民と移民との違いに関して、一般的に、難民は政治的な理由、そして移民は経済的な理由で――つまり貧しいので金持ちになる――出稼ぎのために、一時的か、あるいは永久的に国外に出る人々だと考えられている。しかし、この政治的・経済的差異は時おり曖昧だ。必ずしも「移民＝経済的」であるとは限らず、「移民」の話を聞いていると、実は政治的な要素の方が強いことが時おりある。例えば経済的に困難に陥っている場合（economic hardship）は、公平なシステムの中である人がたまたま運悪く失敗し、もっと自分の稼ぎを増やすために逃亡することを指す。それに対して、経済的に迫害され抑圧される場合（economic persecution or oppression）、不公平な政治的や経済的な政策によって、ある特定の国民の経済的な資源や政治的な声が奪われ除外され、貧困に陥ることを指す。このように経済的困難と経済的抑圧との間に大差があるため、聞き手は注意深く分析しなければならない。

避難民は、「国内避難民に関する指針」によると、「武力紛争、一般化した暴力状態、人権侵害、または自然もしくは人為的災害の影響の結果として、またはそれらを回避するために、住居もしくは常居所地からの逃避もしくは退去を強制、または余儀なくされ、かつ国際的に承認された国境を越えていない個人、もしくは集団」を指す。難民と似た定義で国内外にいるだけの違いのように聞こえるが、避難民は難民と違って自然災害の犠牲者も含まれる。アフリカ大陸の国境線は人工的に引かれ、実際にあってないようなもので、現地には特に鉄条網があるわけではない。この人工的な国境線に関して、ある国において避難している人々を難民と認定するために、国境線の印となる旗の位置をわざわざ変えたという実話が笑い話としてある。

避難民の中で、「開発プロジェクト」——例えば、ダム、橋、道路、ショッピングモールといったインフラの建築や土地収奪——で家を追われる人々がいる。これは、二〇二〇年にオリンピックを控えている東京都にとっても他人事ではない。オリンピック用のインフラ建築が進む中で、他の地域への移動を強いられている都民がいるからだ。悪いことに、彼らの中には、一九六四年のオリンピックに次いで、今回の移動が二回目という人もいる。世界各地で開発が進むにつれて、強制移動される人々が増えると予期されるが、彼らの動きはほとんど注目されていないのは意図的だからか、あるいは難民と違って避難民は目立たないからなのか不明だ。それはともかく、この避難民は近年、故郷と異なる場所で、国連・NGOという非国家の実体によって管理されるようになった。市民と異なる権利を有する部類がつくられたことに注意せねばならない（第三章参照）。

†難民ってカッコイイ？

難民の本質をさらに理解するために、UNHCRで起きたある出来事を共有したい。難民の保護と支援に関わっている「専門家」でさえ、難民の理解が不足していると前述したが、その一例を紹介する。

二〇〇八年秋、「難民ってカッコイイ」をテーマに、「新しい難民支援のカタチ」を発信する「表参道JACK2008」が東京で開催された。主催は、UNHCR駐日事務所、UNHCR－NGOs評議会（二〇〇七年時点で、難民支援と保護に関わる三四団体が加盟）、UNHCRユースである。「難民（支援）ってカッコイイ」のメッセージを盛り込んだパレード、料理教室、スタンプラリー、トークショーといった催しが開かれた。

UNHCRのパンフレットには、「『難民ってカッコイイ』という言葉で難民問題に関する注意を喚起し、難民一人ひとりに名前や夢があることを思い出し、難民を支援することがいかに難しく、そして大切かということをみなさんと一緒に考え続ける契機にしたいと願っています」と明記されていた。後述するように、UNHCRの任務は物質的な支援ではなく難民の保護なので、この文章はかなり誤解を与える。

それにしても、どういう発想で本スローガンが生まれたのだろうか。それを発想したUNHCRの責任者に聞くと、「黒人は美しい」（Black is beautiful）をヒントにつくったという。本スローガンは、南アの黒人意識運動の学生リーダーだった故スティーブ・ビコが自分の存在に誇りを持とうという意味を含めて、一九六〇年から一九七〇年代につくったもので、それが同時期、ムーブメントとして公民権運動時代のアメリカに移った。現在の「黒人の命も大事だ」（Black Lives Matter）と似たような意味を有する。アフリカ系アフリカ人と同様に難民は差別されているから、難民のイメージや先入観を払拭するために、本スローガンをつくったという。難民のイメージを改善したいという気持ちはわかるが、そもそも黒人と難民の本質は全く異なるため一緒に扱うことはできなく、かえって誤解を招いたり難民を傷つけることになる。黒人は人種であり、自然な存在である。それに比べて、難民は紛争や迫害によってつくられた政治的かつ人工的な存在なのだ。

あまり知られていないが、一九九一年、緒方貞子氏が国連難民高等弁務官に就任された際に、NHKのインタビューで「目標は難民の数をゼロにすること」と話された。大変野心的に聞こえるが、難民は存在してはならないので妥当な目標である。どこにも「黒人をゼロにしよう」と訴える人はおらず、もしいたとすればそれはヘイト・スピーチと見なされる。そのため、全く異なる難民と黒人の二つのグループを一緒にしてはならないのだ。

「難民はカッコイイ」を立案し実行したUNHCRも問題だが、それに賛同した団体も団体である。私が難民であれば、この行為を侮辱ととるだろう。難民から反対の意見が聞こえなかったのは、単に知らなかっただけなのか、反抗するエネルギーや余裕がなかったのか、あるいは「言ってもUNHCRらは理解しないだろう」という諦めからなのか。誰も愛する故郷を強制的に離れて異国で難民として惨めな思いをしたくないが、UNHCR・賛同団体の職員は果たして、自分たちも難民になりたくて「カッコイイ」と叫んだのだろうか。

大学の授業で学生に本スローガンについて感想を聞いたところ、驚くべき返事が返ってきた。「確かに難民は数カ国語話すことができるし、いろんな国々を回ってカッコイイと思う」

たとえ冗談であっても、難民に大変失礼な答えだ。なぜなら、多くの日本人が外国語を習得する主な目的は「就職・キャリア」「趣味」や「海外旅行」だが、難民は自身の「サバイバル」や「ブローカーに騙されない」などのために習得しているからである。しかもさまざまな国を転々としているのは、旅行ではなく、国外追放されたり逃亡した結果、そうなったのだ。

本キャンペーンを通じて、改めて日本における難民の認知度の低さに気づかされた。

2　難民は国益に利用される政治的な存在

†難民と難民出身国政府との関係

難民を支援している日本の某NGOが開催したパーティーでのこと。アジア諸国出身のある難民は興奮しながら自分の背景についてスピーチし、こう叫んだ。

「×××（彼の出身国名）大使館は私の敵だ！」

何ともわかりやすいことか！　私がこれまで出会った難民に、同様に自国政府を敵視している人は多いが、難民が公の場でこれだけ本音をストレートに語るのは大変珍しいことだ。

難民定義に「恐怖を有する者」であることが条件となっているが、その恐怖は主に自国政府に向けられたものだ。と同時に、主に自国政府による迫害が原因で難民が生まれたのだから、当然、難民には自国政府への敵対心も憎しみもある。

逆に、難民出身国政府も、反体制派が混じっている可能性がある難民に対して敵対心を持つことがある。つまり相互に敵対関係にあり、だからこそ難民は自国政府から保護を受けたくなく、国外への避難を強いられた。そのため、難民出身国政府の役人が、自国人が住む難民キャンプや町を訪問することはほぼ皆無だ。あるとすれば、難民出身国が政治的な理由で難民を強制送還させたい時（第五章参照）、あるいは難民を軍隊にリクルートしたい時など特別の理由がある時のみである。この難民と出身国政府間の敵対関係はルワンダ難民の事例を使って第四章と第五章で検証する。

難民、特に大量の難民の発生を裏返すと、出身国政府が国民を保護できない、あるいは保護する意思がないガバナンス（統治能力）の現実を反映し、「バッド・ガバナンス」あるいは「ガバナンスの失敗」を意味する。言い換えると、難民の出身国政府が「グッド・ガバナンス」であれば、難民を生んだ責任感を持ち、「難民を生み出してしまって申し訳ない」と謝罪し、彼らが帰還できるように努力をすべきである。それができない、またしないのは、政府のプライドが許さないだけでなく、そもそも難民問題を解決する意思も関心もないからだ。

難民は自国政府に不信感を抱き、自国政府に頼ることができないからこそ、UNHCRをはじめとする「国際社会」に支援を求める。その「国際社会」も、出身国政府が重大な問題を起こしても非難することはほとんどない。「国際社会」が難民の発生に直接的、また間接的に関与しているからか、あるいは出身国政府を非難すると政府との協力関係が途切れることを恐れているからか。それともその両方が原因なのか。

ただ私が知る限り、例外が一点ある。二〇〇三年、リベリアでの出張中にルード・ルベルス難民高等弁務官（当時）は「（難民を生んだ原因である）テイラー大統領は辞任すべきだ」という「政治的発言」をしたことが大きく報道された。リベリア難民は母国に帰還したいが、国内が安定しないためになかなか帰還できなかった。同弁務官いわく「難民高等弁務官ははっきりと意見を述べなければならないと思う。もし私がこうした発言をしなければ、一体誰が苦難に遭っている人たちに代わって語るのか」とのこと。しかも同弁務官氏は、リベリアはアメリカで解放された黒人奴隷によって建国された歴史があるため、アメリカもある程度責任があるとまで発言した。その後、西アフリカ諸国の政府役人数名は、ルベルス高等弁務官との個別の会合の際に、同弁務官に「よく言ってくれた」と褒め、リベリアのUNHCR現地職員らも「あの発言後、いろいろと嫌がらせを受けて大変だったが、今となっては感謝している」とルベルス氏を称賛した。

†コンゴという「死んだ」国家の現状

難民が出身国政府や「国際社会」に抱く不信や敵対心をより理解するために、歴史の観点から見てもコンゴは例外的な国であるが、コンゴ政府の事例を紹介したい。

日本では「政府の役割は国民の保護」「問題があれば政府が責任を負うもの」と教えられ、政府への信頼感がある程度あるようだが、コンゴの現地人によると、コンゴ政府の信用度はほぼぼ〇％だ。フランス語のジョークで、政府を意味するgouvernementとは、gouvernerとmentirの二つの用語から成り立っていると言われ、それぞれ「支配する」と「嘘をつく」という意味である。つまりこれらが政府の仕事であり、コンゴ政府は単にそれを実行しているのだ。

一般的にガバナンスが弱い国家は「脆弱な国家」や「失敗した国家」と呼ばれるが、それだと、「政策や履行が（たまたま）失敗した。動乱や紛争があったために国民にサービスを提供できなかった。リーダーシップが弱い（けれど国家は一応機能している）」と解釈されるだろう。しかしコンゴを事実上運営しているのはルワンダ政府であるため、ルワンダの単なる傀儡《かいらい》であるJ・カビラ大統領はコンゴの改革には特に関心がないようだ。

国家の本質について誤解を生じないために、私はコンゴのような国家を「腐った国家」と呼んでいる。国家の構造だけでなく、政治家や役人のメンタリティーまで腐っているためにほとんど機能していないという意味だ。しかし、その呼び方もコンゴの現状を完全に描写していないため、あるコンゴ人は、「死んだ国家」の方が妥当だと言う。それについて説明しよう。

モブツ・セセ・セコ大統領（任期一九六五～九七）とJ・カビラ現大統領（二〇〇一～現在。二〇一七年現在、四五歳）の両政権を比較したい。前者は国家を私物化し富と権力を独占したと悪評が高く、かつてインドネシアのハジ・モハマド・スハルト氏とフィリピンのフェルナンド・マルコス氏に次いで、世界第三番目の汚職者だった。しかし、J・カビラ大統領の汚職度は単に知られていないだけで、モブツ元大統領よりさらに劣っていると言われている。そのため、モブツを懐かしがるコンゴ人さえいるぐらいだ。

J・カビラ大統領の何が劣っているのかというと、モブツ政権時代や一九九〇年代のコンゴ戦争中でさえ、最下位にならなかったコンゴの人間開発指数（保健、教育、所得という人間開発の三つの側面に関して、ある国における平均達成度を測るための簡便な指標）が、二〇一一年と二〇一二年度に初めて、世界最下位にランクされた。それは国家予算のマネージメントに問題がある。例えば、学校教員の月給は約四〇米ドルだが、二〇〇三年に一五〇〇米ドルだった国会議員の月給が、二〇〇六年に六〇〇〇米ドル、そして二〇一二年に一三〇〇〇米ドル（日本円で約一三〇万円）と、一〇年以内に一〇倍近くまで膨れ上がった。二〇一一年度の大統領、首相、国会や議会での支出額は国家予算の一一％を占め、これは保健予算額の三倍に当たる。教育・研究費もモブツ時代に比べて現在減少し、基礎教育でさえ十分に受けられない若者が増加している。

†J・カビラ大統領の問題

またコンゴの人権状況も、モブツ時代に比べると悪化した。例えば、著名な人権活動家フロリベー・チェベヤ氏は、モブツに対する批判で何度も逮捕されながら、何とか活動を継続する「自由」があった。しかし、二〇一〇年六月にJ・カビラ現政権によって簡単に暗殺され、犯人はまだ逮捕されていない。コンゴの希望でもあったチェベヤ氏の死は、国内外のコンゴ人と「国際社会」にともにショックと脅威を与え、潘基文《パンギムン》国連事務総長も遺憾の声明を発表した。

その上、人口の大半がキリスト教徒であるコンゴでは、教会による政治への影響は強く、神父や修道女がモブツ政権の汚職などを批判しても、嫌がらせを受けることはなかった。しかし、一九九六年一〇月、ルワンダ政府軍がコンゴ東部に侵攻した際に、最初に暗殺された人の一人がコンゴ東部・ブカブの大司教であった。同大司教はルワンダ難民であろうと政府であろうと、暴力ノクターすべてを非難し、暗殺される前に緒方高等弁務官に、停戦のために国際的な介入を行ってほしいと訴えていた。その暗殺以降、現在まで数多くの神父や修道女が殺害されている。

J・カビラ大統領の問題は、実力不足、資源の私物化、そして自分に不利な国民を容易に殺害することだけでなく、彼の背景そのものが不明であることだ。実際に、彼の背景の真相を公に語った彼の兄と妹はそれぞれ暗殺され、南アに亡命した。J・カビラ氏の本名は別名で、実の父親はルワンダ人で母親はツチと言われ、その意味で同大統領はルワンダ人だ。もちろん二重国籍を持つこと自体悪くはない――国のために貢献すればの話だが。

さらに悪いことに、コンゴに詳しいアメリカ人ジャーナリストによると、J・カビラ大統領はRPF（ルワンダ愛国戦線）の軍人として一九九四年のルワンダの虐殺に、そして一九九六〜九七年のコンゴ東部における「虐殺」に関与したとのことだ。それが真実であれば、同大統領は戦争犯罪人である。このようなリーダーの下で働く国家公務員は、一見仕事をしているように見えても、法の支配も含めて機能を果たしていない。

同大統領の存在を巡って不信感があるにもかかわらず、国連平和維持活動（PKO）、国連事務総長や他のリーダーらは、何もないかのようにコンゴ政府と付き合い続けている。これらのアクターはコンゴ政府に対してガバナンス問題等に関する批判の声明を出すものの、常にその場限りで終わっている。コンゴは「天然資源大国」という強みがあるので、それに依存している大国政府や多国籍企業は黙認するしかないようだ。

コンゴ国内では表現の自由はないが、国外にいるコンゴ難民やディアスポラはコンゴ現政権への批判に活発である。本来なら、彼らにも投票の機会が与えられるべきで、政府は一応その約束をしたものの、難民らによる政権の転覆を恐れているのだろう、あえて在外投票を実施していない。拠出国は紛争後国の民主主義の一環として、選挙の実施に多額の資金協力をするが、それはあくまでも国内限定であり、在外投票の実施に関して特に言及したことはない。

このような政府から逃れている難民がコンゴ政府だけでなく、コンゴ政府を支えている「国際社会」（大国、ＰＫＯを含む国連、ＮＧＯ）にも、希望も信頼もないことがわかるだろう。

†難民保護より国益――受入国のアジェンダ（目論見）

難民を認定することは、難民申請者の人生を左右することを意味する。つまり難民認定の責任者である庇護国政府がかなり影響力を持つのだが、現状の難民保護ルールの根本的な問題点は、国益の介入であり、それが審査に影響を及ぼすことが大いに推定される。例えば、日本の入管職員が使う難民審査の研修の教材には、「日本の友好国から来る難民の認定は慎重に」といったような記述が過去にあったとのことだ。

難民条約が採択された当初、難民認定は「中立的な」ＵＮＨＣＲに審査を任せるべきだという案もあったが、外国人に滞在を許すかどうかという主権に関わる問題だけに、各国はその案は通さなかった。すなわち、難民認定を審査するもととなる国際的ルールは存在するが、難民条約の実施は各国任せであり、各国の政府役人である以上、国益が介入するのは避けられない。本来、各国は国益より難民の保護を優先しなくてはならないが、現実はそうではない。

日本はビルマ（ミャンマー）との外交関係と経済も重視しているが、日本政府はビルマ難民を認定し、かつ日本はビルマ難民の第三国定住も受け入れている。それは、ビルマは日本や他国が難民認定をしても、何の苦情も言わないためで、むしろビルマは、国内の危険分子である難民や無国籍者（国籍を持たない人、どこの国からも国民と認められない人）を引き受けてくれて日本に感謝しているのではないかという見解もある。

逆に、日本政府は、トルコとの外交関係に波風が立つことを懸念し、トルコに原発輸出をしているためか、少数民族クルド人の難民認定率はゼロである。日本政府は、クルド人を難民認定すると、その大事業が拒否されるかもしれないと恐れているのだろう。

他の受入国は、難民政策と難民受け入れによってさまざまな恩恵を受けてきた。

アメリカ政府では、難民政策のおかげで従属国家がソビエト連邦（ソ連）の支配から切り離され、ソ連の拡大に対抗できたという（ソ連などの、市民と国家の利益が一致しているはずの社会主義国において、難民は本来ありえない存在で、帰国して自国に奉仕するのを拒んでいる「反逆者」という認識があった）。そもそもヨーロッパ中心の組織だったUNHCRがアフリカの難民を保護し始めたのも、ソ連の勢力を妨害するためだった。アメリカ政府による最も有名な難民利用の一つは、キューバ危機だろう。CIAの軍事援助と資金協力の下で、在米亡命キューバ人一五〇〇人がゲリラ軍として組織化され、その部隊がキューバに侵攻してフィデル・カストロ革命政権の打倒を試みた。それに対抗して、ソ連、中国や他の共産国は、難民学生への奨学金や、難民組織への武器や物資支援の提供を通して、難民への影響力を及ぼした（US National Archives, 1964, Loescher, 2001, 127）。

一九九四年、ルワンダの虐殺後、大量のルワンダ難民とともに「虐殺首謀者」（フツ主導のルワンダ旧政府軍・民兵などから構成）らがコンゴ東部に流入し、その支援に向けての国際的世論が盛り上がった際に、コンゴ政府のモブツ大統領はその難民問題を自益に利用しようとした。一九九〇年以降、「国際社会」はアフリカ各国に民主化を導入するように圧力をかけ始めたが、同大統領にとって失政から注意を逸らし、また冷戦後失った国際的地域を取り戻すいい機会だったからだ。この「虐殺首謀者」という「難民戦士」（後述）らは難民キャンプの中で、難民を人質にしていたことが大問題になったが、この首謀者らは、モブツ大統領と友好関係にあったルワンダのジュベナール・ハビャリマナ大統領（フツ）側の仲間だったため、コンゴ政府から守られていた。モブツ大統領はルワンダ難民をコンゴに留め、国内と大湖地域の力関係の「駆り引きの道具」に利用したいと考えていた（後述のように、当時難民キャンプにはツチの「偽装難民」・スパイもいたので、通説のようにフツの「虐殺首謀者」のみが難民の加害者ではない）。

パキスタンのムハンマド・ジア大統領も人権を尊敬しないという悪名が高かったが、大量難民の受け入れで国のイメージの改善に成功した。それに加えて、難民の流入のおかげで「緊急事態が必要だ」という言い訳が効くようになり、自由な報道や野党の活動を規制することもできた。まさに一石二鳥だ。

現在、世界最大の難民受入国のトルコでは、難民が「駆け引きの道具」として利用されている。二〇一五年、大量の難民が押し寄せ、安全管理ができなくなったヨーロッパ諸国は、トルコに三〇億米ドルの資金協力をする条件で、トルコ経由でヨーロッパに入国する難民の流出を抑えることを望んでいた。トルコの沖で幼少の男の子の難民が死亡した事件に国際社会は注意を喚起したが、トルコ政府は、同様な状況にいる難民がヨーロッパでは一万人以上、このような危機に直面することになるだろうと警告した。

トルコは、ビザなしでヨーロッパを自由に回ることができるシェンゲン協定に加盟したいと希望しており、難民問題をめぐる交渉はまさに同国にとって黄金の機会だった。一九九九年以降、トルコは欧州連合（EU）の候補国家として名を挙げ、二〇〇五年以降加盟に関する交渉が開始したものの、ヨーロッパはそれに長年、抵抗感があった。その理由の一つに、トルコが長年、クルド人という少数民族を迫害し、近年、シリア難民も母国に強制送還した人権侵害を犯してきた歴史があるからだ。しかし、現在、以上のような駆け引きがあるため、ヨーロッパ諸国はトルコの人権侵害に沈黙せざるを得ない。

また受入国政府は難民を政治的な道具だけでなく、「開発の機会」としてもとらえがちだ。例えば、一九九九年タンザニアで、コンゴの新着難民のために新しい難民キャンプの開設が決定した時のこと。タンザニア政府は町から遠く離れた所をキャンプ地として選んだが、そこまでたどり着くのに橋を建築し、道路を改良せねばならない。それはタンザニアと隣国ザンビア問の上要道路でもあるため両国の経済発展に役立ち、道路の修理は政府にとって大変有益になると考えていたようだ。結局UNHCRは拒否したが、このような事例は多くある。

これらの事例から、UNHCRがさまざまな国益に挟まれて「犠牲者」となり、関係国政府に気を使っていることがわかる。だが、当然難民の方が犠牲者であることを忘れてはならない。

†難民と呼ばれる人、呼ばれない人

UNHCRは毎年六月三〇日の「世界難民の日」に、世界の難民の統計を発表する。その統計には、庇護国政府とUNHCRによって登録された難民、避難民、難民申請者、帰還民等の数が示される。このような難民の統計は時おり意図的に非常に過小報告されているため、この統計だけでは強制移動の深刻さがわからない。それは、特定の地域において難民申請者が「難民」以外の用語で呼ばれてきたために、難民登録されていない可能性が高いからだ。

冷戦対立が一九五〇年代に進むにつれて、西洋諸国は難民を外交の「シンボル」として認識するようになった。一九七〇年初期まで西洋諸国に逃亡した難民は、東・中央ヨーロッパ出身がほとんどであった。冷戦中、「難民」と「離反者」は同義になり、難民のイメージは「共産主義」や「東の国々」から逃亡した「有能な」（西洋諸国にとって貴重な労働力として評価された）「ヨーロッパ人」であり、その意味で「良い」犠牲者であった。それは、彼らの存在が、共産主義が失敗した証拠として認識されたからで、また東の国に関する諜報という面からも西の国に歓迎された。そのため、冷戦時、難民は母国に押し返されることはなかった。

そのため、二〇一六年にアメリカとの国交関係が回復される前のキューバから人々が移動した際に、アメリカ政府は特に調査せずに、即難民として認定した。実際にアメリカは共産国から、インドシナ難民二九万人（一九七五～七九年）に次いで、キューバ難民二三万人を受け入れた（一九六八～七八年）。アメリカが共産主義に対抗し、キューバ経済を不安定化したかったためだ。その他のアメリカからの敵国に恥をかかせるという外交目的を追跡する際に、難民は時おり「手段」として利用され、また武装された。

それが冷戦後、主にアジアやアフリカ諸国という「南」の紛争国や貧困国の「貧しい」「かわいそうな」人々が、いわゆる「先進国」や平和な国へと移動するようになった。これは重要な点なので、後述する。また例外的だが、ウィキリークスの代表・ジュリアン・アサンジ氏とアメリカ中央情報局（CIA）及び国家安全保障局（NSA）の元局員エドワード・スノーデン氏のようにアメリカやオーストラリアという「民主国家」から、エクアドルやロシアのような「やや民主国家」に移動することがある。今後ITが進んで、大国にとって不都合な情報・諜報をリークする告発者が難民申請者になる可能性が増えるかもしれない。

ところで、スノーデン氏が二〇一三年にアメリカから香港、そしてロシアに逃亡した際に、私が知る限りＵＮＨＣＲは何もせず、国際人権団体のヒューマン・ライツ・ウォッチ（以下、ＨＲＷ）が介入した。アサンジ氏同様に、明らかに迫害の可能性があったにもかかわらず、ＵＮＨＣＲは彼らのような政治的に微妙な難民を助けることができなかった。この二人のために、同機関はアメリカという世界最強の大国、及び拠出国を「敵」に回すことができなかった。

その逆に、難民申請者が難民と呼ばれない場合がある。彼らを「難民」と呼ぶことで、難民受入国やＵＮＨＣＲが暗黙に難民出身国を批判することになるからだ。

例えば一九五〇年代、ＵＮＨＣＲが、アルジェリア独立戦争の際に避難したアルジェリア人を「難民」と政治的に呼ぶことができなかった。それは、国連安保理事国で、かつＵＮＨＣＲの拠出国である宗主国フランスが、アルジェリア人を迫害していることを意味するからだ。

ベトナム人のボートピープルに関して、西洋諸国、特にアメリカはその解決策に責任を負っていたが、ボートピープルを意図的に「難民」と呼ばず、東南アジア諸国が彼らを受け入れることを願っていた。しかし同諸国はそれを拒否したせいで、ベトナム人の苦境はメディアで大いに注目されるようになった。東南アジア諸国はベトナム人を「不法移民」として拘束する一方で、彼らを「難民」として扱い、欧米諸国に定住できるよう促進した。ベトナム難民の中に「共産主義のスパイや潜入浸透スパイ（deep-cover penetration agents）が混じっている」という噂があったが、中国共産党の新聞によると、ベトナムが難民を「輸出」した理由は、彼らから資金をゆすり取り、東南アジアに社会的・経済的問題を引き起こし、そして東南アジア諸国にスパイを潜入させたかったからだという。

アメリカ政府はハイチから本国に着いた人々を「不法移民」として扱ったのだが、それはアメリカがハイチを占領した歴史があるため、「難民」と呼んでハイチ政府を批判するのは政治的に不適切だと考慮したからだろう。その際、UNHCRはアメリカに「難民として受け入れよ」とは言えず黙認していた（実際にUNHCR内の幹部会議でそれが議題になったが、結局アメリカの批判はできないという結論で終わった）。

アフリカのOAU難民条約の二条に、庇護を提供することは人道的でかつ平和的な行為であると明記されているものの、実際に難民出身国政府は近隣国における難民の受け入れを嫌がることがある。それは、難民が出身国に敵視されていることがよくあり、受け入れることによって外交問題に発展することがあるからだ。だからこそ、それらの国々では難民を登録しても、その数は公表しないか、あるいは最小限の数に限定する場合がある。

外交問題以外に、アフリカでは一般的に隣国から逃亡する人を難民ではなく、「兄弟姉妹」として扱う傾向が強かった。例えば、一九八〇年代の二年間、ジンバブエ政府は現地に越境したモザンビーク人を難民として受け入れなかった。しかし一九九〇年代以降、大湖地域などで大量に難民が流出して難民キャンプの軍事化（後述）が大きく問題視されたために、それまでの難民の庇護国が持っていた「もてなし」が失われてしまったのは残念だ。
その他、場合によっては、難民は「(偽装)ゲリラ」「侵入者(infiltrator)」「(国家や組織の)破壊分子、転覆活動家(subversives)」と呼ばれることもある。

難民数の相違

コンゴ東部でルワンダ難民の大量に移動した一九九〇年代に、難民の統計が政治的な問題として政府間で議論されたが、同様なことは当然、他の地域でも起きている。以下、二〇〇一年の『世界難民白書』から、コンゴ東部にいたルワンダ難民の人口数を巡った議論について、一部抜粋する。

難民の数は国際的な政治問題となり、激しく議論が交わされた。一九九六年一一月一五日の国連安保理決議一〇八〇によって多国籍軍の派遣が承認されたが、これはザイール(コンゴ)にまだかなりの難民が存在しているという前提にたったものだった。軍の派遣は否応なく兵士を危険にさらすため、いくつもの政府が賛成しなかった。ルワンダの支持を受けながらコンゴ武装勢力「コンゴ解放民主勢力連合」(AFDL)は、キンシャサへの西進が妨げられると恐れて、多国籍軍の展開をきっぱり拒んだ。そして、残っている「わずかばかりの」難民を連れ戻すのに助けなど不要と主張した。

一九九六年一一月二一日、ニューヨークの国連スポークスマンはＵＮＨＣＲのデータを引用し、「ザイールには難民がまだ七四万六〇〇〇人もおり、問題は解決に至っていない」と発表した。同じ日にルワンダ政府もコミュニケを発表し、「国際機関の言うルワンダ難民の数は全く不正確であり、誤解を招いている」と反論、西に向かっている人々は「ザイール人かブルンジ人ではないか」とした。ルワンダ駐在の米国大使は「ザイールに残っている難民は、一～二万人といったところだろう」と語り、フランスのル・モンド紙は一一月二三日付紙面でまだ八〇万人が残っていると報じた。どちらの数字もひどい誤りだった。政治的利害によって数字が出されていたのである。

なぜこのような数の相違が生まれるのだろうか。そもそも難民が都市に住んでいようと地方にいようと、常に動いている難民の正確な統計を把握するのは大変困難だ。

それに加えて、受入国、出身国、また拠出国にしろ、自国にとって政治的に都合のよい難民であれば、その人口数を過多に見せることで支援を正当化したり、逆に自国にとって不都合な難民であれば、意図的にその数を過少化できる。その証拠を示すことができなくても、「我々の衛星によれば、隠れている難民は〇〇（数）人しかいない」という主張ができる。チャド東部に駐屯していたフランス軍は衛星による数字を挙げ、スーダンのダルフール地域出身の難民が報道されている数の約一〇分の一しかいないと主張したことがある。フランス軍にとってスーダン難民の存在が邪魔だから、そのように表明したのだろう。

難民の認定だけでなく、難民の数も国益に影響を及ぼすのだ。

†正確な難民数が手に入らない理由

上述の理由以外に、難民数の正確な統計がなかなか手に入らない事情がある。主にアフリカの事例から理由を数点挙げてみよう。

第一に、受入国は拠出国から同情と資金を得るために、（意図的に）難民数を二重に水増しする場合がある。しかし国際NGOオックスファム（OXFAM）のソマリア事務所によると、統計を膨張したおかげで、餓死の予防に役立ったケースがあった。国連世界食糧計画（WFP）の食糧配給量は少ないため（一人一日穀類四五〇グラム、豆類六〇グラムなど）、二重数は難民の健康の観点からすると非常にありがたい。

第二に、難民でないのに人工的に「難民」にされた人もいる。西サハラのサハラウィ「難民」は、一九七五年のマドリッド協定に続いてモロッコがサハラを回復したことに抗議する手段とするために、アルジェリア軍とポリサリオ戦線の民兵によって家から強制的に移送された。

第三に、一九九〇年まで南ア難民を受け入れていた前線諸国（アパルトヘイト政策時代の南アの周辺国）のような国々が難民の統計を公表しなかったのは、南アのアパルトヘイト政権からの報復を恐れていたからである。また解放運動や紛争の前線で闘うために、若者が家出したり、越境して難民（ゲリラ）キャンプで訓練を受ける人がいたが、家族に伝えると警察などから脅迫を受けることがあるため、意図的に家族に告知しなかった人も多かった。

第四に、難民申請のプロセスがあまりにも長く、しかも「難民」というネガティブなレッテル張りを嫌がるため難民申請をせず、現地の人と「即席結婚」をして、配偶者用のビザを得る人もいる。受入国で法的に滞在できるように、難民に（即席）結婚・即席出産を勧める弁護士がいるぐらいだ。この「難民」という呼び方に抵抗感を持つ人は日本でも見られる。東日本大震災後、「難民」という名がつく某NGOが支援のために現地入りをした際に、被災者から「自分たちは難民ではない」と受け入れられなかったという話を同NGOから聞いた。

第五に、正式に難民の地位を取得するためには、自ら庇護国政府に申請しなければならないが、さまざまな理由からそれを躊躇する人がいる。例えば、ある外国人が留学中に母国で政変があるとしよう。政変の結果、国外へ逃亡したのではないものの、祖国へ戻ると迫害を受けるおそれがあって帰国できない。ゆえに滞在許可を得るために、留学先の政府にて難民申請をしなければならないが、さまざまな事情で難民申請をしたくない人もいる。

それは、難民申請によって、自分の背景と現在置かれている状態まで人生をほぼすべてをあからさまにするので、それが世間に知られては困るという人が少なからずいるからだ。ウガンダでは、過去にルワンダ難民のデータベースが何者かによって盗まれたことがある。それがUNHCRとウガンダ政府に返却されたかどうかわからないが、ルワンダ難民は当然生きた心地がしなかったに違いない。

難民申請者に語学の問題がある際に通訳を要するが、難民が自国政府に関する不都合な情報——例えば出身国政府が重大な人権侵害を犯したなど——を持っていれば、それが通訳か何かの方法を通じてリークされる可能性がある。それを恐れているのだ。

その通訳について誤解があるようなので、少々説明しよう。通訳とは、言われたことをそのまま訳す語学の専門家で、かつ政治的なことに関わらないというイメージがあるだろうが、必ずしもそうではない。その語学力が買われて、スパイ役に利用されることがあって、非政府のNGOでさえ、時おりルワンダなど難民申請者の出身国の大使館が推薦する通訳を利用したというからあきれる。その場合、その通訳を通じて、難民申請者の見解がすべて大使館に筒抜けになる。母国政府を恐れて逃亡したのに、このような形で難民は母国政府に見張られ続けることになるのだ。

3 偽装難民が直面する問題

†サバイバルのための偽装難民

前述のように、贅沢をしたくて他人のお金で賄う「偽装難民」はいるだろうが、その背景を探ると、経済的理由ではなく、難民出身国政府と「国際社会」が原因であることがわかる。

例えばエチオピアはルワンダ同様に、「開発の成功例」というイメージが世界で浸透しているために、同政府から迫害を受けてもエチオピア人の難民申請者はなかなか難民認定されにくい。その隣国のエリトリアは一九九三年にエチオピアから独立したのだが、それ以降独裁政権が続き、数多くの難民を生んでいる。したがって、エチオピア人は、難民認定されるためにエリトリア難民に偽装するケースが多い。

私が数カ国で聞き取り調査したルワンダ・コンゴ難民数名の話によると、偽装の目的は、難民自身のサバイバルと真の無実の難民をスパイするためと二つある。

まずサバイバルを目的とした「偽装難民」について、ルワンダの虐殺後にルワンダ人が周辺国に難民化し、その二年後の一九九六年にルワンダ政府軍がコンゴ東部に侵攻した際に、現地にいたルワンダ難民とともにコンゴ人が周辺国に逃亡した。それ以来、ルワンダ難民の一部、あるいは大半がコンゴ難民やバニャムレンゲ（Banyamulenge）[1]難民として登録し始めた。

その理由は二つある。一つ目に、ルワンダ難民の大多数であるフツのイメージが「虐殺首謀者」と大変悪く、受入国や「国際社会」から差別されやすいからだ。そのイメージは、ルワンダ政府のRPFが必要以上に強化したといっても過言ではなく、かつフツが「虐殺首謀者」である事実も一〇〇％正確ではない（第五章で後述）。フツの難民は最悪の場合、「虐殺容疑者」として裁判にかけられ、母国に強制送還される危険性がある。

二つ目に、現在、東アフリカではソマリア難民とコンゴ難民が圧倒的に第三国定住（後述）の対象者として申請できることになっていることだ。大湖地域に残留するより、より安全な外国に移り住んだ方が子供たちの教育のためにもよいと考える難民は当然多い。第三国定住に憧れている難民は多く、ルワンダ難民として登録した人の中には、「自分が馬鹿正直だったために、自分の人生を無駄にしてしまった。コンゴ難民として登録すれば第三国定住ができたのに」と後悔の念を抱く人もいた。

実際に、前出の元ルワンダ難民、ビアトリス氏もコンゴからヨーロッパに出国する際に、コンゴ人の偽造パスポートを持ち、コンゴ人の女性として振る舞ったと自著で明かしている。また第三国定住のプログラムを通じて、アメリカに移住した「コンゴ難民」の正体がアメリカでバレたことがある。在米コンゴ人のディアスポラが、コンゴ新着難民の世話を依頼されて実際にその難民らに会った際に、それが発覚したという。

それに加えて、第五章で述べるように、二〇一三年にルワンダ難民の地位の終了条項が適用されたのだが、ルワンダ難民が難民地位を喪失し国際保護が享受できなくなってから、あるビジネスが流行しているという。それは、ルワンダ難民の身分証明書が切れたために、同難民は受入国政府に賄賂を払って、コンゴ難民の偽装身分証明書を作成してもらうというものだ。

二〇一五年以降、ルワンダ人の中にコンゴ難民だけでなく、ブルンジ難民に偽装する人が増えたと聞く。同年にブルンジの政情が不安定化し、多数のブルンジ難民が発生したためだ。ルワンダとブルンジの両国の母国語はほぼ同じで、両国にはツチとフツというグループがいるため、偽装は大変簡単である。

†なぜルワンダ人によるコンゴ難民の偽装が安易なのか?

ルワンダ人がコンゴ難民に偽装するのは、コンゴ東部には昔からルワンダ系コンゴ人が多数いるという歴史から、非常に簡単である。まず二〇〇〇年前にルワンダからコンゴ東部に移住したツチのバニャムレンゲがいる。一九三〇年以降、ベルギー領コンゴは鉱業と農業の労働者として、ルワンダとブルンジの人々をコンゴ東部に半強制的に移住した。そして一九五九年以降、多数のルワンダ人が難民としてコンゴ東部に避難した。

コンゴ東部の多くの市民は、現地語に加えて、公用語であるフランス語、あるいはコンゴ東部で使われているスワヒリ語やコンゴ西部で使われるリンガラ語を話す。しかし教育を受けていないルワンダ系コンゴ人の中には、ルワンダの母国語であるキニャルワンダ語しか話せない人々もいる。なので在ルワンダのルワンダ人がフランス語を話せず、「コンゴ東部から来たが、身分証明書は逃亡中になくした」と嘘をついても、コンゴ難民として認定されるのだ。

また大湖地域では母国にいながら隣国の学校に通学する人も多い。例えば一九九八年から二〇〇九年まで、ルワンダとコンゴ間は国交関係がなかったが、ルワンダの生徒や学生は毎朝越境してコンゴの学校に通学している光景をよく見た。そのためルワンダ人がコンゴ人に偽装しても、コンゴではなくルワンダで取得した学校の証明書はそのまま使用でき、特に名前を偽装する必要はない。そのような証明書を引き続き使用できるため、偽装してもある程度自分の能力に合った仕事に従事できる可能性があることは難民にとって安心だ。しかし偽装した難民の親は子供に自分のルーツを伝えることができないため、それで悩み苦しむ人が多いようだ。

後述するルワンダ難民のカレゲヤ氏（故人）の一〇代の子供たちは、氏が暗殺される前に南ア、そして現在アメリカに住んでいるのだが、自分は南ア出身だと友人に伝えているという。カレゲヤ氏の妻は「完全に間違っていないけどね」と言いながらも、子供たちが自分のルーツに誇りに持てないもどかしさがあるようだ。このような心境に陥っている難民は世界中に大勢いることだろう。

その他、長年「国際社会」から見捨てられ、支援をもらわずにいた難民が避難民として登録するケースがある。一九九六年、在コンゴのルワンダ難民が住んでいた難民キャンプが襲撃された際に、ルワンダ現政権（RPF）を恐れて帰還を拒否した難民が大勢いる（後述）。それ以降、現地に残留した難民は完全に「国際社会」から放棄されてしまった。UNHCRは彼らが帰還する際に食糧などの「帰還キット」を提供するものの、それ以外の支援は何もしていない。彼らが、「虐殺首謀者」が主導しているとされるルワンダ反政府勢力（FDLR）が支配する「不安全な」地域にいるため、UNHCRなどが安易にアクセスできないというのが公式な理由だ。しかし「虐殺首謀者」が「国際社会」にとって「厄介者」として認識されていることの方が大きい要因だと思う。

そのルワンダ難民の一部が、二〇〇七年にコンゴ避難民キャンプが開設された際に「偽装避難民」として登録し、キャンプに住み着いたと聞いている。しかし、外部の人にはその区別がつかない。さらにルワンダ難民の中にコンゴ人と結婚して現地住民となったケースもあるので、そうなると本物の避難民である。

このような複雑な背景から難民の国籍の区別がますます曖昧になっているが、ただ一つ確実なのは、難民が生き延びるためには偽装しか方法がないこと、そして彼らの人生が出身国政府、受入国政府、そして「国際社会」によって滅茶苦茶にされていることだ。

†スパイ活動のための偽装難民

二つ目の偽装の目的は、本物の難民をスパイすることである。RPF関係者が、近隣国の首都や難民キャンプ・定住地、そしてヨーロッパ諸国にスパイを派遣する際に、現地でルワンダ人、コンゴ人、あるいはブルンジ人の偽装難民として登録することがパターン化しているようだ。それは、第四章と第五章で後述するように、離反者、人権活動家やオピニオン・リーダーによるRPFへの批判の声が強いため、彼らを弱体化させるのが目的だ。そのために偽装難民として地域に忍び込み、ルワンダ難民の日常生活や活動を監視し脅迫する。

ただそのような「コンゴ偽装難民」の中に、時おり親戚の結婚式などでルワンダに「一時帰国」する人がいるために、その真正性について本物のルワンダ難民から疑われている。また一般的に、コンゴ人とルワンダ人の性格は全く異なり、前者は陽気で人懐っこいのに対して、後者は真面目な働き者であるため、前述の在米コンゴ難民のように、偽装難民であることがバレたり疑問視されると聞く。

真のルワンダ難民の暗殺が実行できるのもルワンダ大使館の存在のせいだと、元在米ルワンダ大使のテオジェン・ルダシングワ氏は話す。世界各地にあるルワンダ大使館はスパイの機能を有し、犯罪行為のために存在しており、ルワンダ難民に偽装する大使館員さえいるという。他の国の大使館も同様な役割はあるだろうが、ルワンダ大使館は特にその役割が強いのだろう。

†(偽装)難民のアイデンティティの喪失

大学の授業で、ある難民申請者をゲストスピーカーとして招聘した時のこと。その人は学生の前で、

「自分の名前はXXです。しかし……、本名はYYです」

と自己紹介したことがあった。不自由なく、比較的平和な人生を送ってきた大半の日本人学生にとって、ショックだったことだろう。もともとその難民申請者は無国籍者で某国を逃亡し、そこで偽装国籍で結婚し、二人の子供をもうけたが、家族内で問題が起きたために日本に逃亡した。その後、スカイプで毎日子供と連絡を取り合っていたものの、子供はなぜ自分らの父親が逃亡し、帰国できないのかがわからない。そして「自分の父親は偽装なのか？　何者なのか？」と疑っているという。心が痛む思いだ。

在フランスの移民や難民の様子を描いた映画『サンバ』(二〇一四年、オマール・シ主演)では、主人公のセネガル人の移民が国外退去されそうになった後、フランスに不法滞在し続けた。

正規の仕事に就くことができないため、数回偽名と偽装の身分証明書を数回使用した。最後のシーンで、主人公がフランスの警察に「君の名前は?」と聞かれてムズムズし、答えられない場面があった。何度も偽装するうちに自分のアイデンティティがわからなくなったのか、あるいはなんと名乗ればよいと迷っていたのか。

右で難民が国籍を偽装することに言及したが、安全の面から、偽名まで使う難民がいる。その理由は第五章で後述するが、そうするとどのような成り行きがあるのだろうか。

偽名を用いることは自分の過去をすべて消すことになるため、せっかく高等教育を受け、卒業証明書や資格を取得したとしても、本名で書かれている証明書が一切使用できなくなる。学校を卒業したとしても、学校に通学しなかったふりをしなければならない。そのため、自分の能力より低いレベルの仕事や日雇い労働を探すしかないのだ。もちろん改名の手続きはできるが、改名理由の説明や家庭裁判所の許可が必要なため、ほとんどの難民は政治的な理由などから、そのプロセスを避けているようだ。

「サバイバルするためだからしかたがない」と難民らは言うが、何とももったいないことである。愛する故郷から脱出を強いられ、その上自分の能力を発揮できない可能性があるという意味では、難民は二重の犠牲者なのだ。

偽装難民ではないが、アメリカNGOのコンゴ駐在代表として働く、元シエラレオネ難民は、自身の心情について左記のように綴っている。

一九九一年三月、シエラレオネから不安なまま逃亡後にわかったことは、若い時に避難すると失うものの一つが、自分のアイデンティティであることだ。ほとんどの人は国民のアイデンティティを当然のように受け止めるが、しかし今日まで、自分がどこ出身なのか伝えにくいことがある。

自分の家族は長い間避難していたために、兄弟の何人かはギニアで難民生活している時に生まれ、シエラレオネを見たことがない。そのため、家族は自分らが何者かという疑問を常に抱き続けている。私は〝ギニア人〟〝シエラレオネ人〟〝アメリカ人〟でなく、〝難民〟なんだ、と。

この国家の感覚を失ったら、自分が所属できる他の場所を探す。自尊と社会的責任の感覚を失うことはできても、国を所有しないことは過激派に走るきっかけとなる。（二〇一五年四月に起きた）ケニアのガリッサ襲撃事件に関わっていた犯罪者は難民でないかもしれないが、難民化しているソマリア人に対する反感を持った待遇がさらなる襲撃を生み出すだろう。

このガリッサ事件については第三章で触れるが、右記のように自分のアイデンティティや居場所を失うと不満やフラストレーションが高まり、暴力を導くことがある。それが要因の一つとなって、ルワンダの虐殺が発生した。そのような難民が世界各地で増加していることを想像するだけでゾッとする。

第二章

難民、UNHCRと政府の関係

UNHCRエチオピア事務所の前にある看板「2014年と2015年の拠出国・機関に感謝を申し上げます」(2016年、筆者撮影)

1 UNHCRの組織の性質と任務

†UNHCRは非政治的な機関か？

第一章で難民が非常に政治的な存在であることがわかったが、その難民を保護する主要な組織であるUNHCRはどのような組織なのだろうか。

一九五〇年一二月一四日、UNHCRは国連総会によって設立されたが、それは第二次世界大戦後、戦争で避難を余儀なくされたヨーロッパの人々を援助するためであった。三年間のマンデート（委任権限）で難民救済を完了し解散する、という楽観的な見通しの下である。翌年七月二八日に、難民を救済する法的な基盤かつUNHCRの活動の基本的な法的指針となる「難民の地位に関する条約（難民条約）」が採択された。

UNHCRの主な事業内容とは、左記の通りである。

・難民に対する「国際的保護」――難民の諸権利（強制送還の禁止・就業・教育・居住・移動の自由など）を守り、促進する

・緊急事態における「物的援助」、その後の「自立援助」
・難民問題の解決へ向けた国際的な活動を先導、調整する任務（後述）

「UNHCR事務所規程」が採択された国連総会決議四二八（V）によると、「高等弁務官の事業は完全に非政治的性質のものでなければならない。又、同事業は人道的及び社会的なものでなければならない」と明記されている。

しかしUNHCRをはじめ、難民に関わっているさまざまな人道支援団体は非政治的な団体だと強調しながらも、難民は敵対的な環境での生活を強いられているため、非常に政治的で暴力的な環境で任務を遂行せねばならない。その上、国連という組織も、そして国連・UNHCRと拠出国の関係も実に政治的である。さらに悪いことに、UNHCRやNGO職員の態度にも問題があると指摘されており、それがかえって難民らを無力にしている。本章ではこれらの点を検証する。

†国連でのアメリカ政府の影響力

まず故ブトロス・ブトロス・ガリ元国連事務総長の自著 *Unvanquished: A U.S. - U.N. Saga* から明白であるように、アメリカ政府はUNHCRを含む国連の指揮をとっている。氏が他の事務総長同様に二期を務めることができなかったのは、アメリカに従順な態度を示さなかったからで、二期目の再選前に、同氏はアメリカ政府によるネガティブ・キャンペーンに悩まされた。ルワンダの虐殺中に、氏はアメリカ政府に数回介入を求めたものの、ビル・クリントン大統領（当時）からほとんど無視された。そのためか、ガリ氏は「ルワンダの虐殺は、一〇〇％アメリカの責任だ！」とも断言している。

アメリカ政府は時おり、その場しのぎの国連機関を設立することがある。例えば、ニカラグア難民の一部の支援のためにFriends of Americaという組織、カンボジア難民のためにタイ-カンボジア国境に国連国境救援機関（UNBRO）、朝鮮戦争の避難者のための国連韓国復興団（UNKRA）、そしてパレスチナ人のために国連パレスチナ難民救済事業機関（UNRWA）はすべて、あるいはほとんどがアメリカ政府によって設立された。当然、戦略的に重要な地域における国益を視野に入れている。

一九五三年に設立されたUNKRAに対して、アメリカ政府は全予算の七〇％を拠出し、組織の初代代表にアメリカ人を任命するよう要求した。UNRWAはUNHCRと違って難民保護の任務はなく、あくまでも支援のみで、西洋諸国への第三国定住の機会も与えていない。アメリカ政府の考えとは、「アラブ諸国の依頼を受けて、UNRWAに登録しているパレスチナ難民は、難民法と一九五一年の難民条約の面で、意図的にUNHCRから分離させた……UN

RWAは難民に物質的な支援を提供しアラブ諸国の内的安全を維持することで、共産主義の破壊に対する防壁として地域の安定化に貢献した……難民の問題が未解決でいる限り、パレスチナの政治的解決がどんどん遅延する」(Loescher, 2006)である。

アラブ諸国にとってみれば、イスラエル建国に伴って発生したパレスチナ難民が同諸国域外に再定住したり避難国に市民として統合されてしまうと、「イスラエル国家の正当性を揺さぶる貴重な外交カードを失うことを意味する。それだけに、現地(周辺国)に難民のまま封じ込めておく必要があったのである」(阿部、二〇〇三 Loescher, 1993)。その意味で、UNRWAは重い政治的思惑を持った上で活動を続けてきたのだ。

その結果、大多数のパレスチナ難民はキャンプに三世代にわたって現在も居続けている。それだけではない。現在のシリア危機と共に、在シリアのパレスチナ難民は他国への移動を強いられ、その意味で二重の犠牲者になったのだ。

†UNHCRでのアメリカ政府の影響力

国連におけるアメリカ政府の影響力に比べて、アメリカ政府が、UNHCRの構想と政策にもかなりの力を及ぼしていることはあまり知られていないだろう。

まず、一九五〇年末にUNHCRが創設されるまでの二年間、ヨーロッパ諸国はどちらかというとUNHCRをより永久的で多面的な組織にすることを検討していたのに対して、アメリカ政府はUNHCRに最小限の任務を望んでいた。難民の定義に関しても、ヨーロッパ諸国は難民が世界政治の中で永続的な問題になることを認識していたため、それに適切な定義を模索していたが、アメリカはあくまでも一九五一年一月以前の動きにこだわっていた。アメリカがいかに近視眼的で、国家の責任を可能な限り限定したかったかがわかる。

また難民キャンプの移転や難民の帰還に関する決定に関して、UNHCRが表面上、表明を公表しても、裏でアメリカ政府がかなり影響を与えている場合がある。そのためか、UNHCRの副高等弁務官はアメリカ人のポストで、アメリカ政府が政府役人を派遣している。

その副高等弁務官の主な業務は、予算や人事などの組織の内部の管理である。人事は特に拠出国にとって重要な戦略であり、重要な難民のオペレーションが展開されている国においては、拠出国は必要上に資金や人材などのリソースを提供しがちである。

例えば、虐殺直後のルワンダでは、拠出国から非常に多額の資金援助が用意された。後述のように、ルワンダ現政権（RPF）はアメリカの強い同盟国である。その上、虐殺中、「国際社会」が何もしなかったという罪責感があるために、それを隠してごまかすためにも、ルワンダに国際機関やNGOが多数集中していた。同国は、私にとって初のUNHCRの赴任地だったので、赴任した一九九五年当時はわからなかったが、今考えると何と資金が潤沢にあったことか。四国より少し大きめの面積を持つルワンダは、東から西まで一日で車で回れるぐらいの小国である。そこに、UNHCRはほぼ各州に事務所を置き、外国人とルワンダ人両方合わせて計一〇〇人以上の職員がいた。UNHCRは地元政府に四駆車を、そして知事の自宅と事務所を修復・建築という手厚いサービスを提供した。

さて、その副高等弁務官がどのように人事に影響を与えた（可能性がある）のか、ある事例を共有したい。

二〇〇三年後半以降、スーダンのダルフール地方の紛争が悪化し、大量の難民がチャドへと越境した。UNHCRの緊急チームが現地に派遣されたが、もっと応援の人員を派遣しなければならなかった。どの職員が現地へ行くべきかについて同僚数名と議論していたところに、たまたま副高等弁務官が通りかかり、こう叫んだ。

「これ（ダルフール・チャド）はアメリカのオペレーションなんですよ！」

最初、その言葉の意味がよく理解できなかった。UNHCRのオペレーションなのに、なぜアメリカという国名を出したのだろうか。後で気づいたことは、旧宗主国のフランスはチャドに軍が駐屯しているため、フランスが現地の情報を相当把握していた。フランスとライバル意識を持つアメリカにとって、それが面白くなかったのかもしれない。副高等弁務官の決断が関係したのか不明だが、このやりとりの後にあるアメリカ人の上級職員がチャドに派遣されたのは事実である。

†難民保護から人道支援へ

ＵＮＨＣＲの任務である難民保護とは、具体的に「難民を国家や非国家主体の脅威や強制移転から守ること」を意味する。本来なら国家が国民に「国家的保護」を提供しなければならないが、難民は「祖国（の保護）を失った」人々であり、それは市民と政府間のつながりを失うことも指している。宙ぶらりんな存在で法的に弱い立場にいるため、受入国政府がＵＮＨＣＲの監督下で、「国際的な保護」を与えることになる。ＵＮＨＣＲが援助物資を提供することで、難民の人権（特に生活や教育）を保護するという拡大した考えもあるが、難民キャンプの設置と運営、援助物資の配給といった「人道支援の提供」が第一の目的ではない。

最も重要な難民保護の礎石とは、難民は彼らが迫害の危険に直面する国（母国を含む）への強制送還や恣意的な逮捕から難民を守ることである。これは「ノン・ルフールマン（non-refoulement）」の原則として知られ、送還禁止という意味である。しかし、たとえ出身国に強制送還されても、その後のフォローを監視する国際的なメカニズムがない。というより、難民出身国政府が政治的な理由上、そのアクセスを時おり妨害していると言った方が正確だろう。

そのＵＮＨＣＲの任務は一九九〇年代以降、保護より人道支援を強調する傾向が高まった。

確かにUNHCRが一九九三年に発行した『世界難民白書』のサブタイトルは「保護の課題」だったが、一九九七年のそれは「人道的アジェンダ」、そして二〇〇〇年のものは「人道行動の五〇年史」と「人道」が目立つようになった。一九九一年以前、国連安保理は人道的役割という用語を四回しか用いていないが、一九九一～九七年までの間、UNHCRは人道的役割に関して国連安保理で三〇回以上指摘している。

その人道への変容は緒方前難民高等弁務官の指揮の下で行われたために、バーバラ氏は、緒方氏の自著『紛争と難民——緒方貞子の回想』（集英社）の書評に皮肉な問いを投げかけた。「UNHCRの創設者は、当初UNHCRを福祉機関として認識していたのだろうか。UNHCRは難民の保護機関から、世界最大級の福祉機関に変容したのだろうか」。

緒方氏いわく、UNHCRの任務が変化したというより、UNHCRを囲む環境が変わった。しかし研究者のデボラー・アンカー氏によると、「主に影響力がある北の国々が、UNHCRの任務を法的保護から人道支援へと再定義するよう圧力を与えた」とのことだ。冷戦終焉後、まさしく阿部浩己氏が論じるように、難民法は「難民を守る法」から「難民から国家（北の先進国）を守る法」に変容したのである。それは第三章で後述する、UNHCRやその他の人道支援団体による避難民の保護とそのキャンプの関与とも関係する。現在、UNHCRが難民を法的に保護できなくなっている問題は、ルワンダの事例を使って第五章で後述する。

ＵＮＨＣＲの任務の変容に加えて、緒方氏はボスニア国内で「予防的保護」を導入した。氏は、これは「民族、国籍、宗教にかかわらず、自宅に安全にかつ尊厳を持って留まることを許される権利」と定義するべきで、「民族浄化政策を阻止するためには、保護には予防の概念を含まなくてはならない」と主張した。確かに強制的に自宅から退去された行為も報告されたために、ＵＮＨＣＲはその予防策として提案したが、バーバラ氏によると、この予防的保護とは「自宅に留まる権利で、殺害される」ことを意味するという。この予防的保護は、避難民の保護と関係するので後述する（第三章）。

人々は迫害を受け、殺害されるリスクがあるからこそ、安全な場所を見つけるために避難・逃亡を強いられる。ＵＮＨＣＲは難民を保護する機関として誕生したのに、その難民が発生しないように移動するなとはどういうことだろう。逆の見方からすると、市民は外に出るアクセスがなく、そのため犠牲者が不可視化されているとも言える。目に見えないだけに、余計に危機的だ。

†拠出国の影響力

ＵＮＨＣＲの活動の資金源である拠出国に関して、自主拠出金の多くがイヤーマーキング、すなわち使途の指定が問題となっている。それについて高橋宗瑠《そうる》氏の説明を引用しよう。

新しい事業を立ち上げる時（これは「加盟国に任務を委託された時」という意味である）、国連機関はその事業への自主供出金を募る。そうなると、その金を出した加盟国は事実上その事業のスポンサーとなる。その国が引き上げると、その事業はお流れになる。したがって、事業内容を何が何でもスポンサーに気に入られるようにする必要が生じる。早い話が、拠出国がその事業に関して、絶大な力を持つことになるのだ。

国連の事業はすべて「国際社会の決めた国際法の原則に従って、公正中立」というのが大前提だ。しかし、……政治というものと隔離された社会活動というのはほぼ存在しない。ましてや加盟国の集まりに指示を受けた国連の事業には、仮にそれがもとは意図されていないものであっても、いつだって何かしら政治性があるのだ。その政治的行為である国連の事業の特定の国がスポンサーとして力を及ぼすのは、明らかに問題だろう。（高橋、二〇一五）

国連機関がどれだけ拠出国によって振り回されているかわかるだろう。まさに「スポンサーは神様」であるのだ。

ＵＮＨＣＲがどれだけ拠出国に目を向けているかを示す看板がある。二〇一六年初頭、フィリッポ・グランディ高等弁務官がエチオピアを出張する前に、現地のＵＮＨＣＲ事務所が拠出

ルワンダ帰還民の定住地に建てられたUNHCRの巨大な看板（ルワンダ北東部にて、1997年）

国の国旗が並べられた看板を建てた（本章扉参照）。エチオピアは二〇一五年、アフリカ地域では最多難民受入国に、そして世界五番目の難民受入国になったのだ。

国連と拠出国政府との会合では、「ビジビリティ（visibility）」、つまり「可視化すること」がキーワードになっており、私も数回聞いたことがある。一般の人から見て、どの拠出国がどのプロジェクトに資金提供をしているのかわかるように、その可視化が大事なのだ。なので、そのような要請があって、UNHCRは右記の看板をつくったのかもしれない。これ自体悪いことではないが、難民保護の機関であるなら、せめて難民に関する情報、あるいは難民を励ますメッセージがあってもよいのではないか。

また私がルワンダに勤務していた頃に、タンザニアから「強制帰還」させられた元難民のための村づくりに関わっていた際に、UNHCRの同僚が巨大な看板をつくった。その高さは約三メートル以上。その高さの理由は、

「遠くにいるジュネーブ本部やドナー国が見えるように」

とのことだった。同僚は冗談で言ったのだろうが、同時に本音でもあろう。とにかく本部や拠出国を常に意識していたようだ。

当然のことながら、プロジェクトが「見えるから」、難民の生活が改善されたり、生活がより安全になるわけではない。私は個人的に、看板や広告は小さくてもよいと考えている。資金協力した団体への感謝の意を示すことは重要だが、そもそも「国際社会」が難民の保護と支援に関与することは当然のこと。それ以上に、難民と一緒に難民の根本的な問題解決策を真剣に模索してもらいたいものだ。

†国内避難民保護より拠出国を重視

そのスポンサーが国連とNGOにとってどれだけ重要なのかを示す事例を共有したい。

私がコンゴ東部で勤務していた時、WFP事務所所長と激論をした。その激論の理由は、食

糧輸送用のトラックを避難民キャンプ内の倉庫ではなく、キャンプから一〇キロ手前の道路沿いに停めて食糧を降ろすと言い出したからだ。その理由は、「避難民キャンプの治安が悪いから」だと言う。その避難民キャンプ周辺は反政府勢力が活動しているものの、それは他の地域も同様だ。国連の安全担当者は特に治安の問題はないため、キャンプまで行くことができると断言した。

私は彼女に言った。

「その一〇キロの道を避難民が一〇キロから五〇キロの食糧を運ぶこと自体、相当の労力が必要です。ましてやその途中で、食糧が略奪されたり避難民がレイプされる可能性があることもわかっていますよね。避難民の安全のためにも、キャンプまで食糧を輸送してください！」

しかし彼女は耳を傾けず、WFPのトラック運転手にキャンプから一〇キロ手前で食糧を降ろすよう指示した。国連の安全担当者も政府役人も介入したが、その努力は無駄に終わった。

その数日後、コンゴの首都キンシャサからコンゴ東部に出張中の国連人道問題調整事務所（OCHA）の幹部を交えて会議を開いた。OCHAの高官が司会進行したその会議で、私は右記のことについて発言した後にWFPの協力をお願いしたのだが、私が発言した直前に、見知らぬ外国人男性二人が会議室に入ってきた。その際に、OCHAの幹部は大変気まずそうに受け答えをしていたことに気づいた。

WFPによる食糧配布の場で、50キロのトウモロコシなどの穀類や食料油を運ぶコンゴ東部の避難民女性（2007年、筆者撮影）

会議後、WFPとの協力について議論するために、私はOCHAの幹部に近づいた。すると、彼が真っ赤な顔をして私を激しく怒った。

「君！　なぜあんなことをスウェーデンのドナー国の前で言ったんだ！」

隣でWFP所長が「そうよ！　そうよ！」と大きくうなずく。

私が「彼らがスウェーデンのドナー国の方々とは知りませんでした」と答えると、「嘘だろ！」と彼の顔がますます赤くなった。

「本当です。彼らは首都キンシャサに拠点を置いていますし、何しろ初対面ですから。それより、避難民の安全について真剣に考えていただけませんか。彼らは本当に困っているんです！」

私がそう言っても彼は聞く耳を持たず、ブツブツ文句を言いながら、そのＷＦＰ所長とさっさと会議室から退出してしまった。

これはあくまでも小さな事例であるが、このやりとりからもわかるように、避難民が保護されていないことが「大ボス」の拠出国の前で明白になったために、国連の幹部は恥をかかされたことに憤慨した。拠出国だからといって、なぜ発言を控えないといけないのだろうか。国連にとって、難民・避難民より拠出国を満足させ、拠出国を保護することが重要なのだ。

†過去の教訓から学んでいない出身国・受入国

イスラエル政府は二〇一三年以降、自国にいたスーダンとエリトリア難民申請者約一万人を、ルワンダとウガンダに強制追放したことが報道された。スーダンのダルフールから逃れた難民が、イスラエルを亡命先に選んだ理由は、「イスラエルが中東で唯一、民主的な国だから。ホロコーストを経験したために、ダルフールの『虐殺』の犠牲者である自分を匿《かくま》ってくれると信じていた」からだという。しかしイスラエルはユダヤ難民には優しいが、二〇一二年当時のミリ・レゲブ国会議員（現在の文化大臣）は、非ユダヤでアフリカ出身の難民申請者を「体内にあるガン」と呼び、ユダヤ系イスラエル人の五二％がそれに同意した。

ネタニヤフ首相も、「これらの人々が来たことで、イスラエルのユダヤ人のアイデンティティが脅かされた」と述べ、続けてこう言った。

「この問題を止めなければ、六万人の侵入者が六〇万人にと膨れ上がり、ユダヤ人と民主主義国家としてのイスラエルが否定されてしまう。シリアやアフリカ難民の悲劇に無関心ではないが、イスラエルは小国なので、不法移民とテロに対して国境を支配しなくてはならない」

日本ではあまり知られていないが、このイスラエル、ウガンダとルワンダの三カ国の同盟関係はかなり親密だ。ルワンダのツチ（ウガンダのムセヴェニ大統領もツチだと言われている）とユダヤ人とは、ともに少数派の犠牲者という「犠牲者意識」が強いらしく、常にそれを強調しており団結力があると言われている。

第一章で述べたように、難民条約はユダヤ人を含むヨーロッパ人のためにつくられ、イスラエルがその難民条約の発端となった。にもかかわらず、そのイスラエルが同様な加害行為を繰り返しているのは何とも皮肉であり、難民条約はもともと非ヨーロッパ人の難民に対して無関心だったとも言える。

ユダヤ難民が難民条約に影響を与えただけでなく、ヨーロッパのユダヤ・コミュニティがきっかけで、現在の難民の第三国定住のシステムが生まれた。一八九八年、ロシア帝国のユダヤ難民を支援し、西ヨーロッパとアメリカでの生活様式を学ぶために、国際的なユダヤ・コミュニティが「リハビリと研修団体」を築いた。今日、本団体は、北アフリカと中東からのユダヤ人がイスラエルの生活に適応できるように、職業訓練を提供している。

イスラエルと同様なことはハンガリーでも言える。歴史を遡ると、一九五六年、ソ連の権威と支配に対する民衆による全国規模の蜂起で、二五万人近くの人々が難民となり国外へ逃亡した。難民を生んだ歴史を有しながら、その六〇年後の現在、難民の受け入れには反対したのである。

二〇一五年六月、ハンガリーは大量の難民・移民流入を防ぐために、セルビアとの国境一七七キロに高さ約三・五メートルの有刺鉄線付きフェンスを設置すると発表し、その後そのプロジェクトが着々と進んだ。その上、二〇一六年、難民分担とその受け入れを決めたEUの政策の是非を問うハンガリーの国民投票で、投票者の九八%が受け入れ反対に投じた。同国のオルバン首相はすべての難民を不法移民と決めつけた。

†難民出身国・受入国・拠出国、UNHCRと難民の関係

これまでさまざまな政府が難民に関与していることに触れたが、それぞれどのような思惑を持ち、どのようなアクター間の関係性があるのだろうか。

前述のように、難民の出身国政府は時には難民の「加害者」だ。その出身国政府と、難民の保護・支援担当のUNHCRやNGOが協力関係にあることは、難民にとって時おり複雑な気分であろう。いくら難民の解決策のために、UNHCRは出身国政府と交渉しなければならな

い立場にいたとしてもだ。その出身国政府が拠出国政府と同盟国である場合、難民は拠出国にも不信感を抱くことがある。例えば一九九四年、コンゴに逃れたルワンダ難民の一部がアメリカの食糧援助を拒否した。それは、難民と敵対関係にあるルワンダ政府（RPF）がアメリカ政府に支援されていたことを知っていたために、配給された食糧の中に毒が入っているかもしれないと恐れたからだ。

難民の出身国政府も、難民を保護しているUNHCRに対して同様な感情を抱き、積極的に協力関係になれないのが心情ではないだろうか。UNHCRは直接、出身国政府に「貴国で起きている人権侵害のせいで、難民が発生している」と非難しないものの、難民を「被害者」と呼んでいる時点で、間接的に出身国政府を加害者扱いしているようなものだ。

その難民と出身国間の微妙な関係に加えて、受入国と難民もしばしば同様な関係にある。難民が出身国政府に反体制的であったり、出身国政府に対する軍事活動を継続すれば、それが原因で難民が受入国政府と対立することがある。また後述のように、受入国政府によって難民の地位が剝奪され、難民が戦闘に駆り出されたり、また難民が受入国で「人間の盾」として利用（悪用）されることもある。

この「人間の盾」という用語は、軍隊などが自己保護のために、自分たちと攻撃する対象者の間に文民を置く場所や空間を指す。この行為は、国際法と一九四九年ジュネーヴ第四条約の侵害であるが、どこの戦闘地でも特に難民がその目的で使用されている。過去数回にわたって、子供を含むパレスチナ難民はイスラエル軍によって人間の盾として利用されてきた。アメリカ防衛省によると、コソボにおけるNATOの襲撃の際に、ユーゴスラビアのスロボダン・ミロセヴィッチ元大統領はアルバニア系難民を人間の盾として使用した。またパキスタン政府がムジャヒディーン戦闘員（イスラム教の大義にのっとったジハードに参加する戦士、またはイスラム教で連携した民兵）に対する軍事支援や訓練ができるように、難民キャンプにいる三〇〇万人のアフガニスタン難民が盾となった。

政府が人間の盾をプロパガンダとして使用する可能性もある。例えば、ルワンダの虐殺中や終焉後に、ルワンダ人の文民がルワンダ旧政府軍と民兵の「虐殺首謀者」と一緒にコンゴに越境した際、「虐殺首謀者」が難民を盾として利用したことはよく知られている。ところが、ルワンダ国内の避難ルートや個人によって違うのかもしれないが、私の調査によると、盾として利用されたと認識する難民は誰一人いない。なので難民によると、「『虐殺首謀者』（つまりルワンダ現政府RPFの「敵」にあたる）が難民を盾として利用」というのは、RPFとその同盟国が「虐殺首謀者」への反感と恐怖心を煽るために拡散したデマかもしれないのだ。

さらに、受入国政府、拠出国政府と支援機関の間は政治的駆け引きが存在し、それぞれ異なった関心と目的を有することがある。受入国政府は、難民支援（カネと物資）が自国に提供され、難民居住地周辺の住民と地元政府に利益をもたらすように尽くす。その一方で、難民保護が「国際社会」の責任の下にありつつも、受入国政府が国際援助機関の存在によって脇に追いやられないよう、政府の正統性を維持しようとする。

他方、拠出国政府の関心は、受入国政府が難民の庇護を継続し、難民の保護と安全保障の責任を果たすことである。難民が受入国に留まり、欧米諸国に移動しないように現地で「収容・保管」の機能を果たすのが難民キャンプだ（第三章参照）。

最後に、拠出国、特にアメリカにとって、UNHCRと協同することは政治的な利益がある。例えば、スーダン難民が発生した一九六〇年代から一九七〇年代初期にかけて、難民はスーダン南部の反政府勢力と提携していたため、スーダン政府は難民への支援を反政府勢力への支援として捉えた。アメリカにとって、中東・北アフリカは安全保障の面からも重要な地域であるため、スーダン政府と反政府勢力の双方と良好な関係を維持せざる得ない。アメリカが直接スーダン難民に二国間支援すると現地政府から非難を招く恐れがあるが、UNHCRという統括団体を通すとアメリカの政策の代理となる。

上記を総括すると、難民は出身国、受入国と拠出国の思惑の間で板ばさみになり、難民保護と支援がより複雑化する。難民は、キャンプの開設によって、受入国政府ではなく、キャンプの運営と援助物資を提供する国連（UNHCR）が難民の責任を持つものだという認識が生まれる。結局、政府と国連の間でも責任をなすりつけあい、どのアクターも最後まで責任追及をしないまま、不満を持つ難民の数が増え続けるのだ。

2 UNHCR・NGO職員の態度――無関心と無責任

†「即席専門家」の派遣

ではそのUNHCRや人道支援NGOで働く職員とは何に関心を持ち、どのような態度で難民に接しているのだろうか。当然個人差はあるが、さまざまな研究者が人道支援者の態度を指摘している。

ルワンダの虐殺後の一九九五年に、ルワンダ国内に一五四ものNGO団体がいたが、大手のNGOを除いて、多くが人道支援者というより「即席専門家」だったと言われる(Pottier, 2002)。その多くは大学卒業したての若者で、勤務経験も技術もほぼ皆無であるのに、現場の活動への参加に意義があるという考えのもとに、「人道的な」目的で一番乗りに現場に入る。一番乗りで援助物資を配布し、キャンプを設営し、そして写真を撮影しまくり、メディアに送ってそれを資金調達に役立てようとする。自分の団体の活動地域という限定した地域での活動に集中するが、その地域の政治について理解しようとする意欲も関心もない上に、それになるべく突っ込まないように注意する。そしてたとえ支援のプロジェクトが「失敗」したとしても（その自覚があるかどうかも疑問だが）、その原因を追及せず、自分たちはよいことをしたのだからと身構える。

このような偉そうで傲慢な行為が許されるのは、その「専門家」が「北の国」「先進国」「民主主義の国」出身で、活動地域が「南の国」「途上国」「紛争後の国」だからで、逆であれば不可能であろう。何しろ人道支援とは難民らに対して行われる行為と言われつつ、実は人道支援者自身らを援助するほどのグローバル産業に発展しているからだ。また、人道支援者が自分で「人道的で善人だ」とうぬぼれていることが多い理由には、「人道」には、同情的、優しい、寛容、良心的、利他的、慈善、博愛、チャリティーなどの美化したイメージがあるからだろう。

ソマリアでは、ブリーフケースを持参し、いかにもビジネスマンという格好で歩いていると、誰でもNGO職員みたいになれるという噂があるらしい。分野や団体によるが、意志さえあれば誰でもなれ、また国によってはちょっとした憧れの職業かもしれない。

こう書きながら、私も「即席専門家」の一人であったことを思い出す。私が初めて国連ボランティア（選挙監視員）として活動したカンボジアでは当時まだ二〇代前半で、さまざまな村に入って選挙や民主主義の重要性について話した。確かに現地の人からすると、「何の経験もないくせに何を生意気な」と思われたことだろう。

その数年後、私はまだ「即席専門家」のままルワンダに派遣されたが、難民を取り巻く政治的な状況が、特にルワンダの虐殺を契機に浮き彫りになった。大多数の難民が近隣諸国に避難した際、難民キャンプにおいて、難民が「虐殺首謀者」に人質として捕らえられ、政治的な手段として利用された。絶えぬ争いに加えて政治的軋轢と治安の悪化で混乱する中、さまざまな人道団体はこれまでに経験したことのない新たな政治的な試練に立ち向かわねばならなかった。なので経験がある「専門家」でさえ、後述のように難民保護は大きな課題だっただけではなく、ほぼ不可能であったと言うべきであろう。

ところで、なぜ経験がある現地職員だけでプロジェクトを運営してはならず、外国人職員が派遣されるべきなのかと疑問を持つ人もいるかもしれない。ケースバイケースだが、特定の民族・社会グループが差別されている状況では、第三者の「中立的」な職員の存在は必要だ。例えば、タンザニアのルワンダ難民キャンプで、あるNGOが運営していた未成年用の子供施設では、多数派のフツに交じって少数派のツチもいた。そのツチの子供たちによると、現地のタンザニア人（フツと同様のバンツー系と思われる）のNGO職員は、外国人職員がいないところでツチの子供をいじめていたという。

このような嫌がらせをなくし予防するためにも、「中立的な」外国人職員の存在は欠かせない。しかし上述のように、現地の政治に精通していない外国人が多く、彼らが却って難民の加害者になることがある。それがたまたまか、あるいは意図的かは不明だ。

†難民への上から目線

ＵＮＨＣＲ・ＮＧＯ職員の中に、難民への尊敬も同情心も関心もない人が一部おり、それがさまざまな行為に表れている。その行為は数多くあるが、ここでは三つに大別して説明する。

第一に、難民が能力や技術を持っていても、時おり、役立たずで無力で依存心の強い、受動的な「支援対象者」(beneficiary)として扱われがちだ。ある難民のリーダーは「我々だって受入国で経済的にいろいろと貢献しているのに、このbeneficiaryという呼び方だと我々は何もしていない印象を受ける」と述べたことがあるが、全くその通りだ（しかし、そのリーダーに「どのような呼び方がいいと思うか」と聞いたところ、特に返事はなかった）。

確かに難民キャンプで援助物資の配布がメインイベントとなっているせいもあって、「支援対象者」のようなイメージが強いのかもしれないが、人道支援団体が不必要以上に強調した要因も指摘されるべきだ。上述のように、国連・ＮＧＯらは世間の同情を買って資金調達に役立てようと、難民や避難民を一般の「人間」から「拠出国における商品」ととらえる。そして「かわいそうで貧しい」女性と子供などの単純化しすぎたイメージを使っている。

難民がリーダー的な存在であったとしても、国連やＮＧＯという支援する側の前では、「自分は支援を受けている弱い立場」という劣等感を持っているようだ。あるいは、持たされていると言った方が正確だろう。そのせいでＵＮＨＣＲと難民の間で不健全な権力関係が生まれ、後述のように難民はＵＮＨＣＲに対して恐怖感さえ抱いている。

その上、人道支援者は難民の背景を知らないまま、「女性・子供たち」「××（民族名、社会集団名、宗教名など）は○○」とグループごとに一括りでまとめたり、先入観を持つ傾向が強い。その典型的な例が「イスラム教徒（また、その難民）は過激派で危ない」という偏見に基づいたプロパガンダであり、同様に、ルワンダの場合は「ツチは犠牲者」「フツは虐殺の首謀者で危険」という宣伝活動が普及されている（後述）。

第二に、難民に対する性的虐待である。ＰＫＯ要員を含む軍人が難民などに性暴力を犯すことはよく報道されるが、残念ながら、難民を保護し支援すべき人道支援団体も加害者になりうることがある。人道支援団体が人道支援を餌として、また難民という弱者の立場を悪用した最悪のケースの一つだろう。

二〇〇〇年代初めに西アフリカのリベリア・ギニア・シエラレオネで、ＵＮＨＣＲとＮＧＯ、ＰＫＯ関係者が、人道支援の物資・サービスと引き換えに、一三～一八歳以下の難民少女に性的行為を要求していたことが明らかになった。その加害者の数は七〇人以上で、約四〇団体で働いていたことから、組織的な行為であることがわかる。難民少女らは要求を断れば、食糧や生活物資がもらえない、配給の最後尾に追いやられるなどの嫌がらせが予期されるために、家族も性的行為を承知で娘を提供した。その結果、多くの難民少女が妊娠し、中には精神障害に陥った子供もいた。このような事件は、被害者、あるいは目撃者が報告したから公認されたが、被害者が報復を恐れて報告しないケースが九〇％以上だと考えた方がよい。

第三に、難民認定の面接のために、UNHCR関係者らが何回もアポをリスケ（繰り延べ）することだ。面接のために難民申請者はUNHCR事務所に行くが、事前にアポをとっても、それが数カ月後に延長されることがよくある。その間、難民はどのように安全に過ごすことができるのか。小さな町ならまだしも、大都市だとUNHCR事務所までたどり着くのに当然交通費がかかる。このようなリスケがよく起きるため、UNHCRを怖がる難民申請者が多い。

また、難民が重大な問題に直面しても、UNHCRはそれを積極的に、そして早急に追跡しない。それはHRWの調査でも、私個人の調査でも確認したことで、難民はUNHCRへのアクセスがほとんどないのだ。

†難民の命は一〇ドル？

その他、UNHCRとNGO職員の上から目線の態度について書きだすときりがないが、ここでは一般に知られていない最悪の事例の一つを紹介しよう。

前出のビアトリス氏の自著によると、一九九六年にコンゴのルワンダ難民の集団が母国に帰還せず、ルワンダと反対方向のコンゴ西部へと逃亡した際に、難民の帰還を促進していたUNHCR職員は現地住民にこう伝えた。ルワンダ難民の居場所を報告すれば、UNHCRは一〇ドルの賞金を手渡すと。日本人の感覚からすると、一〇ドル（約一〇〇〇円）は少額だが、コンゴの地方の住民にとってそれは大金だった。ビアトリス氏はさすがに、「私たちの命はたったの一〇ドル！」と憤慨した。

当時コンゴで勤務していたUNHCRの元同僚数名に事実確認をしたところ、「それは誤解だ。UNHCRがそんなことをするはずがない」といった答えが返ってきた。もしそうならば、ビアトリス氏が嘘をつき、UNHCRの名誉を傷つけたことになる。もしそうであるなら、バーバラ氏が指摘するように、なぜUNHCRはビアトリス氏や出版社を提訴しなかったのだろうか。UNHCRが難民のことを本当に気にかけているなら、一〇ドルの件に関して謝罪すべきなのではないか。

私は二〇〇六年にビアトリス氏の著書を読んで以降、UNHCRへの厳しい指摘を書いた同氏に感謝の意を述べるためにも面会を願っていた。さまざまな人に聞いた挙句、二〇一五年にやっと彼女に会いにベルギーを訪ねることができた。

一〇ドルの件で彼女にわざわざ面会しに行ったUNHCR（元）職員は、私が初めてだったという。予期していたとはいえ、ビアトリス氏本人からそう聞かされた時はやはりショックだった。UNHCRにさまざまな理由があるかもしれない。氏が難民であった一九九四〜九七年は過去のことなので、今さらUNHCRに何ができるのか、当時は戦時だったので、難民の二五万人という多くの失われた命を救うことができなかった、など。しかし当時働いていたUNHCR職員の多くは、二〇一七年現在で五〇〜六〇歳代とまだまだ健在であり、調査は十分できるはずだ。

人道支援者の責任やミスで難民が命を落とすといった罪を犯しても、国連職員が刑事責任の免除を得て活動していること自体、「人道的不処罰」ではないかと思う。「残念だった」「ベストを尽くしたけど、当時は政治的な混乱の中にあって、仕方なかった」という「言い訳」で終わる。なので、大量のルワンダ難民がコンゴ東部で「虐殺」された事件も、単に「不幸な出来事」として認識され、そして現在忘れられつつある。

前述のように、ビアトリス氏は自著に「私は国際社会が嫌いだ」と大変強い口調で述べている。最初読んだ時は、頭がガツーンと叩かれた思いだった。しかし、難民からすると、その怒りは当たり前である。「国際社会」に放棄され騙され、そして家族や愛する者が殺害されたのだから。犠牲者は一生加害者のことを忘れないのだ。

†難民保護よりキャリア重視

ビアトリス氏と初対面した際に、「人道支援者らは一体何を考えているのですか？」と突っこまれて、困ったことがある。「難民のことを真剣に考えている人もいるけど、自分のキャリアを積むために現場で働いている人がいることも事実。活動内容と結果はどうであれ、現場での経験は問われるから」と答えるのが精一杯だった。

残念ながら、ＵＮＨＣＲ職員の多くは、難民保護より自身のキャリア（昇進とサバイバル）を重視していることは事実だ。各職員は生活しなければならないので、それは当然と言えば当然である。しかし、ポスト確保のために必死な職員の姿を見ると虚しくなり、もっと肝心なことに時間をかけてほしいと思ったものだ。厳しい言い方をすると、職員の中に難民を「キャリアの道具」として使っている人が一部いる。とにかく、人道援助を「エンジョイ」するキャリアが定番になってしまっているのが問題だ。

では多少とも、ＵＮＨＣＲやＮＧＯ職員、特に現場で働く職員の実績評価を改善するにはどうすればいいのだろうか。多くの会社や機関では、上司、同僚と部下が実績評価を行うが、ＵＮＨＣＲ職員らの場合、その対象者である難民が評価するのが妥当であろう。それに加えて、ＵＮＨＣＲの活動報告も、ＵＮＨＣＲ職員ではなく難民が記載すべきではないだろうか。例えば、「〇〇政府とＵＮＨＣＲの代表や保護官が我々を保護してくれなかった。難民キャンプに年間数回しか足を運ばず、難民委員会との会合も一、二回しか開かず、食糧も通常の量よりも少ない△△グラムしか配給できなかったために、栄養失調の子供が増えた……」という風に難民が報告すると、改善の余地が明白になるのではないだろうか。

と書きながら、難民からそのような批評を喜んで受けたいと考えるＵＮＨＣＲ職員はいないことはわかっている。何しろ、難民という「下」からの評価は上司のそれに比べると価値がないものと見なされ、昇進にも影響しないからだ。その上、難民もよっぽど勇気がないと、大ボスのＵＮＨＣＲの批判を恐れて書かないだろう。

†失敗を隠し擁護しがち

ＵＮＨＣＲ職員のキャリア重視が明白にわかるのは、彼らが組織のトップである高等弁務官にペコペコし媚びる姿を見る時だ。私は高等弁務官のアフリカとアジアへ出張に数回同行したことがあるが、現地事務所の代表は難民政策やオペレーションの「成功例」の現場のみを見せ、失敗例や肝心の問題を時おり隠す。そもそも組織内で現場の主要な問題点が高等弁務官に伝わらず、局長レベルでその情報が留まることがしばしばあった。

例えば、ルベルルス高等弁務官が二〇〇四年にスーダン東部に出張した時のこと。エリトリア難民が帰還した後、空き地になった難民キャンプ跡に、UNHCRは学校やコミュニティセンターを建築・修復した。UNHCRは、大量の難民を受け入れた現地の受け入れコミュニティへの感謝の気持ちを込めて、インフラの修復などに従事するのが通常になっている。

しかし、実は帰還した多くのエリトリア難民が再びスーダンに戻っていることが、ある上級職員を通してわかった。エリトリアは独裁政権で徴兵制度などがあるため、それを拒否する人は再び国外に避難したという。すなわち、UNHCRのエリトリア難民帰還の促進と、二〇〇二年一二月に適用されたエリトリア難民地位の終了条項（第五章に後述）に関する判断と政策が失敗した可能性を意味する。言い換えると、UNHCRは難民の人生や命をほぼ台無しにしたのだ。これほど重要な問題なのにもかかわらず、それはアフリカ局長レベルで留まり、高等弁務官には隠されていた。

高等弁務官の現場の出張とは、難民の声を直接聞き、難民問題を肌で理解し、現地の関係者と最善の解決策を検証することが目的であるが、同時にUNHCRの現地代表や本部の地域担当者などのキャリアが評価される場でもある。なので、現地代表らはなるべく都合の悪いことを隠すようにベストを尽くす。現地代表の態度や政策に不満を持つ職員がいる事務所であれば、高等弁務官と職員との会議が設定されることもない。そして、出張の機会に高等弁務官によい印象づけてもらうために、現地代表は事務所をペイントするよう指示したり、ドライバー全員に公費で新品の靴を買い与えるなど、難民と無関係なことに力を入れる。

ＵＮＨＣＲは内部だけでなく、外部からの批判を受け入れたがらない。それどころか、「我々は厳しい現場で頑張っているのに、批判される覚えはない」と自分たちを擁護しがちだ。

例えば、ＵＮＨＣＲは二〇〇四年、スーダン・ダルフール地方からチャドに越境する大量の難民の受け入れに十分に対応できずにいた。そこへ、ソリオス・サムラ氏というシエラレオネ人のジャーナリストが、ダルフールからチャドの難民キャンプまで逃亡した難民の家族に徒歩で同行した。難民が難民キャンプに着いて登録をしようとしたが、最初の一カ月は登録されず、難民は食糧支援を受け取ることができなかった。たまたまその家族だけが何かの理由で忘れられたのか、あるいは新着難民全員がそのような待遇を受けたのかはわからない。しかしサムラ氏が撮影した映像だけを見ると、ＵＮＨＣＲが難民を保護するどころか排除していることがわかり、ＵＮＨＣＲにダメージを与える。

それがイギリスのテレビ会社で放送されることがわかった時、ＵＮＨＣＲの広報はかなりハラハラし、サムラ氏を非難までした。本来なら、ＵＮＨＣＲは、なぜそのスーダン難民が登録されなかったのかについて追及すべきだが、非難する相手が間違っている。サムラ氏は他の外国人ジャーナリストと違って、難民と同じように裸足でスーダンからチャドまで歩き、難民と同じものを食べ、キャンプ内で難民と同じテントで寝泊まりした。難民に寄り添っていたからこそ、UNHCR職員などが気付かなかった問題点を指摘できたのだろう。なので、UNHCRはそのサムラ氏に感謝すべきだが、その気持ちもなかったことだろう。

†難民の重大な問題よりセレモニー

「世界難民の日」はもともとOAU難民条約の発効を記念する「アフリカ難民の日」だったが、改めて、難民の保護と支援に対する世界的な関心を高め、国連機関やNGOによる活動に理解を深める日にするために制定された。

難民キャンプも含めて、世界各地で難民に関する企画が開催される。当日は、普段はなかなかキャンプに出向くことがない受入国政府やUNHCR幹部が難民キャンプを訪問して、「難民を忘れないでください！　彼らを保護しましょう！」などとスピーチをする。そして、きれいに着飾った難民が踊ったり歌ったりとお祭りのような騒ぎになり、「楽しい日」となる。結婚式が開かれているのではないかと勘違いするぐらいだ。

そもそも「世界難民の日」は楽しい日ではなく、難民の問題を考え、解決策に関する議論をする日のはずだ。首都にいる政府関係者らが、難民が住む厳しい環境を自分の日で確かめ、難民の声を直接聞くことは重要だが、ダンスや歌などセレモニーの方に力を入れてしまう傾向が強すぎる。キャンプ内で起きている暴力、安全問題と帰還など肝心の問題に触れないまま、訪問団がキャンプを後にするのがパターン化している。

UNHCR駐日事務所も同日、難民に関する企画を開催する。過去に一度ファッションショーのような企画を実施したことがあり、そこでは、さまざまな学生や社会人がモデルのように歩いていた。その企画の意図は、「イベントの参加者の日常生活に難民があちこちいますよ。彼らに目を向けてくださいね」というメッセージを発信したかったとのことだが、それよりもっと重要なことを議論すべきだったのではないか。

このような「軽めの訪問や企画」は、「世界難民の日」に限ったことではない。私は森喜朗首相（当時）のケニア・カクマキャンプ、アントニオ・グテレス高等弁務官（当時。現国連事務総長）やフランスの外務大臣などさまざまなVIPと難民や避難民キャンプで立ち会ったことがあるが、常に違和感を抱いていた。難民は演説の中で、「教育の機会をもっと与えてください！　早く母国に帰ることができるよう、紛争を解決してください！」と必死にお願いするのに対して、VIPは自分の言葉で難民の問いに答えるというより、単に用意されたスピーチをそのまま読むことが多く、心がこもっていないように感じた。時おり、難民のお願いに対して、「ここにいるUNHCR職員が解決策を見出すから」と逃げる国連高官もいた。

二〇〇九年、ヒラリー・クリントン国務長官（当時）がコンゴ東部でレイプのサバイバーに会った際も、そのサバイバーは「我々はこれまで多くの訪問者から名刺をもらったけど、何の解決策も見つかっていない」と冷たく話した。結局、氏の訪問は性暴力の防止というより、自身の二〇一六年の選挙キャンペーンに役立ったのではないかと皮肉る現地の人がいた。

†UNHCRが国内避難民「五つ星」キャンプを建設？

国連に限らず、政府、企業や団体間でも必ず使用される「(国際) 協力」「調整」や「団結」は聞こえがよい。国連でも、一〇年前から「One UN（一つの国連)」や「Delivering as One（一貫性を持った支援)」という考えが共有された。

しかし国際機関間のライバル意識は非常にあり、例えばいつ誰がどこで記者会見を開催するといった些事でもめあうことがある。当然、最初に記者会見を開いて発言し、それがメディアに取り上げられることが重要だ。難民や避難民の緊急事態中、UNHCRの名で数回報道されると、他の国連機関から「UNHCRの報道官は強引すぎる」と非難されることがあった。

特に私が勤務していたコンゴ東部では国連機関が団結することはなく、自分たちの機関をいかに偉大に見せるかという「競争」が常に続いていた。私の一一年間という限られたUNHCRの経験の中で、このような非協力的な場に直面したのはコンゴ東部が最初で最後だ。大変ばかげたことであるが、この争いによって、難民と避難民の保護に十分に取り組む時間が減少したのは事実である。

コンゴ東部の「五つ星」避難民キャンプ。キャンプ隣にあるのがキブ湖（2007年、筆者撮影）

その例として、地方政府とUNHCRのリードで、コンゴ東部で初めて開設された避難民キャンプが、後ほど国連機関などによって「五つ星キャンプ」と呼ばれたエピソードを紹介する。

二〇〇七年初めに避難民らしき数十名が空き地に群がって住んでいた。彼らが避難民かどうかも判断できず、国連とNGOが介入するとますます避難民が増加するというプル要因になることを恐れていた。そのため、どの団体も行動をとらなかった。そこへ、同年八月下旬以降、紛争が勃発し、大量の避難民が突然発生した。彼らは、地方から中心都市ゴマ付近へと移動し、小学校や教会に寝泊まりしていた。九月に新学期が始まるのに、避難民が教室や校庭を占領していたため、学校側にとって大変迷惑な話だ。

私は急いで地方政府の役人と集まり、避難民の対策について話した。政府側は、空き地にキャンプの開設の可能性について調査しに行こうと提案した。それについてOCHA主導の人道会議で話したところ、多くの国連やNGOから反対の声が上がった。「キャンプを建て始めると、ますます避難民が増えてしまう」と言うのが彼らの反論だ。侃々諤々議論した後、地元政府の同意もあって、結局キャンプを開設することになった。

一つ目のキャンプを開設し、学校などに避難していた人たちをキャンプに移動させた。その数週間後、国連やNGOからさまざまなブーイングを受けた。食糧援助担当のWFPも、「キャンプに食糧は輸送しないからね！」と言い出す始末だった。それだけではない。「UNHCRは五つ星キャンプを建てている」とさまざまな国連機関が、批判してきた。

キャンプでは、水、食糧、シェルターなど基本的な援助物資やサービスしか提供されていない。その上、第一号のキャンプは、水中にメタンガスがあるキブ湖の隣に開設された。湖周辺でガスがたまる特定の場所では、子供やヤギなど背の低い動物が犠牲となる事故が過去にあったために、そこに規制線のテープなどを張ったのだが、それでも一〇〇％安全ではない。そのような状況なのに、何を根拠に「五つ星」なのか説明は一切なかった。

その数カ月後、コンゴ東部に訪問中のグテレス高等弁務官にそれについて話したところ、

『そんなことを言われたら、『五つ星キャンプと呼ぶのなら、あなたが住んだらどうなんですか』と言い返しなさい！」

と、彼も半ばやけくそになって答えた。

このようなUNHCRに対するバッシングは、国連やNGOによるの「嫉妬」があると思われる。一九九四〜九六年、コンゴ東部に大量難民がいた際に、UNHCRは現地で代表的な国際機関だった。しかし一九九六年後半にルワンダ難民は強制的に帰還された後に難民数が減少したために、現地のUNHCRの事務所は縮小した。一九九〇年代後半以降、避難民は大量に発生したものの、二〇〇六年に「クラスターシステム」(第三章に後述)ができるまで避難民は基本的に政府の責任下にいた。そのため、UNHCRは積極的に避難民の保護に関わることはなく、目立たない小規模な機関だった。

しかし私の赴任の数カ月後、コンゴ政府とUNHCRの保護責任のもとで避難民キャンプの開設が決定されたために、UNHCR本部から緊急対応専門の外国人職員が数十名送られ、現地職員も新たに数十名雇われた。それまで国連や拠出国のVIPの訪問客がゴマに来ても、特に「見るもの」はなく、次の目的地にさっさと飛ぶのがパターンだったが、避難民キャンプの開設以降、UNHCRが運営する避難民キャンプへのVIPの訪問がほぼ日常化した。

第三章で後述するように、避難民キャンプでは、UNHCRのロゴ入りのビニールシートがすぐに目に飛び込んで、UNHCRの「実績」を見せるためにも、非常に役立つ。要するに、UNHCRの「ビジビリティ」（可視化）が急に高まったために、UNHCRに対する嫉妬が高まり、「五つ星キャンプ」という馬鹿げたネーミングが生まれたのだと思う。

以上を一言でまとめると、難民は常にさまざまな政府によって政治利用（悪用）され。UNHCRやNGO職員らも難民を「団体の商品」や「キャリアの道具」として利用してきた。そしてその象徴的な場が、第三章で検証する難民キャンプである。

第三章

難民キャンプの実態とアジェンダ

コンゴ東部の密集したキャンプで、「収容・保管」されている国内避難民たち
(2007年、筆者撮影)

1 難民キャンプの特徴と様々な活動

†難民キャンプは最後の手段か？

一般的に言われている難民の解決策は三つある。一つ目が自主帰還（難民が安全に、そして尊厳をもって自らの出身国に戻り、国からの保護を再び享受する）、二つ目が近隣国などの受入国における社会統合（難民が受入国社会に法的・経済的・社会的に統合して、受入国政府からの保護を享受する）、そして三つ目が第三国定住（本国への帰還と受入国での社会統合が不可能である場合に実施し、特別にニーズのある難民がアメリカやヨーロッパ諸国などへ定住する）である。

しかし、それ以外に、三つの「非公式な対処法」があるとも言われている。一つ目が難民出身国への強制送還、二つ目が行く先々で滞在を拒否されながら、世界各地で漂流すること、そして三つ目が、「難民キャンプでの生活援護（あるいは生存）」、あるいはもっと挑発的な言い方をすると、「難民を倉庫に管理すること（warehousing）」である。キャンプは緊急事態の対応への一時的な解決策であるはずにもかかわらず、多くの場合、恒久的な解決策となっている。

大手メディアの影響もあって、難民の多くは貧しくキャンプに住むイメージが強いようだが、実は難民キャンプに住む難民数は世界の三分の一のみだ。残りの難民は、都市や村などで（何とかやりくりしながら）自活しているか、または親戚や教会の知り合いなどのホストファミリー（疎開先）に居候するかである。

UNHCRが誕生した一九五〇年以降、難民はキャンプに所属するものという認識が一般的にある。実際に一九七〇年代のバングラデシュの「成功例」以降、UNHCRやNGOに「難民＝キャンプ」というステレオタイプが築き上がったようだ。一九七一年、東パキスタン（現在のバングラデシュ）から難民一〇〇〇万人がインドに流れ、国境沿いの難民キャンプ一〇〇カ所で生活していたが、その一〇カ月後に難民全員が新しく独立したバングラデシュに帰還した。この事例が「成功」した理由は、小規模なキャンプが数多く拡散し、かつ難民問題が一時的だったからだ。この事例と違って、他の難民の多くは一〇年以上にわたって長期化している。

難民キャンプの本質やキャンプ内の暴力・治安問題などについて日本で十分に議論されていないため、さまざまな誤解があるようだ。「キャンプ」と一言で言っても、その形態、意図や実態は多様であることに留意されたい。本章では難民・避難民キャンプ（定住地）、強制・捕虜収容所、集村化といろいろな事例が出てくるが、これらの事例の意図は、人々を一定の場所に囲い管理することである。まず「キャンプ」の歴史を解説した上で、キャンプという難民・避難民の解決の政策が生まれた背景、キャンプ内で生じているさまざまな問題、そしてキャンプが設営された目的を分析する。

†「キャンプ」の歴史

過去二〇〇年間を振り返ると、国家は、権力維持、人口絶滅・支配、反乱対策と国内治安の目的を有するために、収容所（concentration camp）、あるいは集村化（villagization）という手段を実施してきた。一九三〇年代のナチス強制・絶滅収容所は有名であるが、その以前にもすでに世界各地でキャンプは設営された。「キャンプ」の由来は、開かれたフィールド（あるいは戦地）という意味のラテン語の campus であり、もともと軍事訓練のための開かれた戦地と関係していた。そのため、「キャンプ」は主に戦地付近で開設されてきた。

世界最古のキャンプはおそらく一八六一～六五年のアメリカの南北戦争中、ジョージア州のアンダーソンビルで使われた「捕虜収容所」であり、一万三〇〇〇人の捕虜が死亡した。一八九八～一九〇二年、アメリカの植民地下にあったフィリピンでは、市民が反政府組織を支配しないように設置された強制収容所がある。南アのボーア戦争（一九〇〇～〇一年）の際に、イギリスによって強制収容所が築かれた。一九一五～一六年、オスマン帝国によるアルメニアの虐殺が発生した時、難民一五万人が死のマーチを強いられて、シリアの砂漠に位置するアルメニア難民キャンプと強制収容所に押し込められた。第二次世界大戦中の日系人が強制収容されたことは知られている。

最近の事例だと、バラク・オバマ大統領が就任直後から閉鎖の方針を表明している、在キューバのグアンタナモ湾収容キャンプ（detention camp）が挙げられる。本キャンプは現在、対テロ戦争で拘束した人物を収容しているが、一九九〇年代にハイチ人とキューバ人の難民キャンプとして使用された。これらの事例から、「望まれない者」が管理されていたことがわかる。

難民キャンプの由来に関して、アフリカに限定するが、バーバラ氏はアフリカの独立初期の歴史に遡る必要があると主張する。同氏の論文の一部を引用しながら説明したい。


アフリカの独立以前、植民地は現地の人々のために有効であるとし、大陸の経済的な開発（搾取）が正当化された。最二次世界大戦後、アフリカ諸国は独立し始めるとともに、国連に加盟した。そうすると「原始的」や「後退的」といった単語が政治的に不適切であるため、アフリカの貧困を表し、また世界の裕福な国が人種差別を隠す新しい単語を生み出す必要があった。それが「低開発」や「発展途上」である。

アフリカがこれまでずっと貧しい理由を説明するために、近代化の理論が生まれた。本理論の根底には、近代化（＝経済的成長）とはアフリカ人の社会、価値、組織と生計方法が全体的な革命を必要するという理解があった（例：農場が効率性を上げるためには機械の導入が必須という考え）。急速な発展のために、すでに住み着いている定住地で新しい方法を教えるより、人々が追放された方がよいという近代化の基本的な原則があった。実際に、一九六一年、国際復興開発銀行（世界銀行グループの一つ）の報告書に、このような指針が明記されている。

人々は馴染みのある場所に居続けるより、新しい場所に移る方が変化を受け入れやすい。人々が移動を強いられたり、移動の利点があるとわかれば、ルールに順守し、土地所有の条件として新しい慣習も導入しやすい。結論として、定住地で排他的に改善策に集中するよりも、空領域において計画的に定住した方が急速に開発計画は進む。

経済開発のアプローチに沿って上記の原則が実行された事例が、一九六〇～七〇年代にタンザニアで進められた「ウジャマー村」（集団農場を中心とした共同体組織の村）で、少なくとも五〇〇万人が自分の土地から追放された。エチオピアでは一九七八～八六年、五〇〇万から一二〇〇万人が農業共同体を開発するために「組織化」された。それとは別に、主に軍事的と戦略的な理由上、北部から南部へと強制移動させられた人々もいる。モザンビークでは独立後の開発政策は同じ原則に従って、一二〇〇万人が「社会党村」に集められた。アルジエリアでも一九七一～八二年の間、二〇万人が「社会党村」に集合させられた。その結果、独立前後のアフリカにおいて少なくとも二五〇〇万人が村に集合された。もし追放されることが「有効」であるなら、今頃アフリカは世界でより裕福になっていたはずだ。

これが難民キャンプとどう関係するのか。難民条約によると、難民の権利とは受入国への統合が促進されるようなアプローチを含む。本条約には「同一化」（assimilation）という用語が使われており、それは難民とホスト間の差異をなくすことを意味する。

ＵＮＨＣＲの設立時、ＵＮＨＣＲの「客」は全員ヨーロッパ人だった。ＵＮＨＣＲがアフリカの難民に支援し始めたのは、近代化の理論が実行された全盛期だったために、ＵＮＨＣＲはその理論の視点からアフリカ難民と直面することになった。

難民の受入国の定住は現在の多くのアフリカ諸国で規範となったが、もともと収容という意図はなかった。それとは反対に、難民キャンプでの定住は、最低限の国際支援で新しい人口を受入国の経済に統合し、難民の生計が立てられる手段だった。ＵＮＨＣＲは定住を以下のように定義している。「難民の集団は通常、無人か人口がほぼいない土地に定住し、最終的に経済的・社会的システムが結成できるよう、意図的で明確な一括提案と事務的な方策」。そして統合とは、「難民の集団が庇護国において、通常、同様の民族が住む既存の村か新しい村づくり、あるいは到着点の近郊にて定住するプロセス。現地政府と中央政府との調整によって決められ、外部からは補助的な物資支援しか受け入れない」ことを意味する。

結局、近代化の理論はアフリカで失敗した。世界銀行は小作人の「文明化」を放棄し、大規模な事業に取り掛かるが、それによって永久的に住民を追放させてしまった。このように強制移動させられた人々には、「非自主的な再定住プログラム」の一環として支援が与えられた。しかし、この非自主的な再定住は社会的、心理的および経済的な悪影響を及ぼし、意思に反して再定住させられた人々はますます貧しくなった。新しい環境で変化を受け入れるのとは逆に、多くがトラウマを受け、恐怖を覚え、過去にしがみついたり保守的になったのだ。

同様に、農業と定住を通じた統合というＵＮＨＣＲのアプローチは失敗した。一九七〇年後半までに長期化したキャンプの人口が極貧になった。キャンプという手段で難民が統合されるどころか、今日の難民はキャンプで「保管」され、拠出国が提供した支援で生存している。この支援は頼りにならず不安定で不足している。(Harrell-Bond, 2000)

当初、集村化、定住やキャンプは人口支配や収容の意図がなかったにしても、結果的にそのような意図を生んでしまった。キャンプはまさに国際的な政治的無責任のシンボルでもある。

†UNHCRらは難民キャンプを正当化

このような背景があるキャンプに関して、UNHCRはどのような政策を持っているのだろうか。二〇〇一年の『世界難民白書』に、「UNHCRの公式方針では、実行可能な代替案がある場合はキャンプの設営は避けるとされている。これはUNHCRの『緊急対応ハンドブック』に明記され、UNHCRの緊急事態対応チームが最優先で遵守する規則のひとつである」（一〇九頁）と明記されている。私も本チームに加わったことがあるが、そのように教えられた記憶はない。正直、地方にいる難民はキャンプに住むもの、そして「キャンプ」という名が付いているが、難民が長年住んでいるために、実質は難民「村」のようだと思い込んでいた。

そのUNHCRの『緊急対応ハンドブック』（一九八二）には、確かに難民キャンプは「最後の手段」だと言及されている。そして二〇一四年、UNHCRは「キャンプは最後の手段」と明記された「キャンプの代替案に関する政策」を初めて発表した。一九八〇年代にバーバラ氏が難民キャンプの代替案が必要だと提案してから、約三〇年経過したのである。その間、後述のようにキャンプに関する賛否論争が長年飛び交っていた。

しかし、本当にUNHCRが最後の手段だと認識しているのか疑問が残る。その理由は二点ある。一点目は多くの場合、キャンプは難民と避難民の安全を確保し彼らを支援する唯一の対応策として信じられ、またUNHCRはキャンプ設営を促進する傾向が強いからだ。一旦キャンプが設置されて人が住み始めると、他の選択肢はなかなか生まれないのも現実である。

二点目は、キャンプが最後の手段であるという認知度が、UNHCR内外で大変低いからだ。私自身、一九九〇年代後半から一一年間、UNHCRでさまざまな緊急事態の現場で難民キャンプの開設と運営に関わったことが数回あり、UNHCRの多種な研修にも参加したが、UNHCR内から「キャンプは難民に有害であるために、代替案を考えよう」という意見を一度も聞いたことがない。それどころか、研修では新着難民の登録や弱者へのケアや保護などに関する問題点や改善案のみを学んだために、「キャンプがあって当然」という認識があったと思う。

UNHCRの『国内避難民保護のハンドブック』には、「よく運営されたキャンプとキャンプのようなセッティングは、物理的、司法的と物質的な保護を強化できる。食糧、きれいな水、生命維持する物質、医療サービスと教育といった人道支援へのアクセスも促進する」という文言が記され、キャンプを完全に正当化していないが、キャンプのメリットが強調されている。

UNHCRの報告（書）も確認すると、例えばルワンダ事務所の保護に関する報告には、性暴力の予防と対処、孤児の保護という一般的な事柄しか触れていない。後述のように、在ルワンダの難民キャンプにおける軍事訓練についてNGOやメディアで報告されたにもかかわらず、その言及は一切なしだ。その一方で「難民の基本的ニーズ」に関する同事務所の活動報告は、保護の報告の約二倍の長さもあり、「UNHCRは、キャンプ内に、出入道路、排水システム、そしてマーケットやコミュニティホールといった共同スペースを備え、計画性の高いものであるよう心がけている」と記されている。続けて、教育以外に、低燃費の釜と太陽ランタンの調達と分配、そして植林事業などに力を入れていることを丁寧に説明している。前述のように、UNHCRが難民保護ではなく人道支援の機関と勘違いされるのも当然だ。

その他、UNHCRの手厚い支援の例として、ケニアのカクマキャンプで行われている若いシングルマザー用のリフレクソロジーやマッサージ、カウンセリングなどのプログラムが紹介されている。バーバラ氏は、その書きぶりを「若者用のサマーキャンプの宣伝パンフレット」のようだと皮肉った。まるで「我々のキャンプではこんな素晴らしい支援プログラムを用意していますよ。難民さん、是非いらしてください！」と言いたげだ。この報告だけを読んでいると、キャンプの生活ののどかさが窺え、有害どころか住んでみたくなる感覚に陥ってしまう。

次に、難民キャンプに関して、学習書と、人道支援団体の文書に掲載された文言と、政府の発言を挙げてみよう。まずUNHCRが協力した『新しい開発教育の進め方Ⅱ――難民、未来を感じる総合学習』（開発教育研究会編著、古今書院、二〇〇〇）という学習書。難民が「キャンプに到着し、食料や毛布を配給される」と記した後に、こう綴っている。

「やっと難民キャンプにたどり着きました。そこでは、世界中からの寄付で買われた食料や毛布が届けられていました。テントをもらい、しばらくの間そのキャンプで生活することになりました。しかし、今までと比べるととても不自由な暮らしが始まりました。いつになったら、もとの国に帰ることができるのかまったくわかりません」

続いて、「難民支援のためのプログラムの例として以下のようなものが考えられる」という欄には、「UNHCRやNGOが難民キャンプに食料・水・医薬品などを送る……難民キャンプが設置されている国の政府関係者に対して、UNHCRは難民支援のあり方についての研修を行う」と記されている。これでは、まるでUNHCRが難民キャンプを正当化していると言っても、疑われない書き方ではないか。それに加えて、同学習書に「難民キャンプで起こる問題」として、水不足、人口過密、貧しい衛生状態と森林破壊が挙げられている。が、このような問題は氷山の一角であり、後述のようにもっと深刻な問題が発生している。

そして、日本の人道支援団体を代表するJEN（ジェン）は、二〇一六年春号のニュースレターに、「(ヨルダン・)ザータリ難民キャンプの子供に安心して遊べる場所を」というタイトルで、ある施設が不要となったために遊びの広場をつくったことが明記されている。JENが遊具を調達しブランコや滑り台を設置したところ、子供たちは大喜びでコミュニティから感謝されたという。確かに子供たちの遊びは教育の観点からも重要だが、この支援もまるでキャンプを当然と認識しているような書きぶりである。

最後に、ハンガリー政府の発言を紹介してみよう。同国のシーヤールト外務貿易相は、中東やアフリカから欧州に流れ込んだ難民の受け入れに反対していたが、二〇一五年九月下旬、国連本部の記者会見でこう訴えた。

「難民キャンプへの支援に力を入れるべきで、欧州を目指すように促すのは間違いだ」

その上、同外務貿易相はブルガリア外相との面談でも、いわゆる「ホットスポット」（紛争地域・犯罪多発地域）である難民キャンプは、EU圏外に設立されるべきだと同意した。言い換えれば、後述のように難民キャンプは「要塞」のような機能を果たしていることになる。

†援助物資を通じて難民を管理

難民キャンプでは、定期的に、食糧とそれ以外のもの――ビニールシート、毛布、水の容器、石鹼など――という援助物資が配布されている。その援助物資について、現地のニーズに基づいた公平性が注視されがちだが、それより国連とNGOが「難民を代行して」一人当たりの援助配分を定めていることを問題として考えるべきであろう。

その代表的な例として挙げられるのが、「スフィア・プロジェクト」である。これは、人道支援の現場で活動する団体が最低限守らなければならない指標であり、人道憲章をその拠り所としている。その指標とは、給水、衛生、食糧、栄養、シェルター、子供、ジェンダー、教育等の分野を含む。その基本指標を何点か挙げてみよう。

・どの家庭も、飲料用、調理用、個人の衛生保持用として、平均で一人一日最低一五リットルの水を使用すること

・どの住居も五〇〇メートル以内に給水所があること

・給水所で水汲みを待つ時間は三〇分を越えないこと

（難民支援協会『スフィア・プロジェクト――人道憲章と人道対応に関する最低基準』二〇一二）

等と定められており、親切なことにわざわざ「可能であればその地域の基準に合わせて、水は一人一日一五リットルという基準を超えてもよい」と明記されている。単なる目安であっても、〇〇リットル・メートルという数だけで援助の量を決定することは妥当とは言えない。数リットルの水を五〇〇メートル運ぶこと自体、重すぎるし、大雨の中だとますます困難である。しかも、これらの家事は毎日、女性に課せられていることを考えると、あまりにも重労働である。

その他、栄養所要量と配給食糧計画は二一〇〇キロカロリー／人／日と定められ、その内訳は、「米、あるいは小麦粉四〇〇グラム　豆六〇グラム　食料油二五グラム　塩一五グラム　トウモロコシ粉と大豆が混ざったもの五〇グラム」である。

上　コンゴ東部の避難民キャンプにて、食糧配布の場で整列する避難民
左　フランスの国旗とWFPのロゴとともに「フランスの援助」と明記されているパーム油（2007年、筆者撮影）

しかし、栄養所要量が計二一〇〇キロになることはほとんどないと考えた方がよい。特にウガンダのような難民受入大国では、二〇一二年にコンゴ、二〇一三年に南スーダン、二〇一五年にブルンジから、そして二〇一六年は再び南スーダンから、次から次へと新着難民が押し寄せてきて、彼らに対する緊急支援が要請された。資金が集まらない場合、新着難民が優先され、長年いる難民の食糧配給量が半減される。

その援助物資には「××国からのギフト・寄付」と明記され、拠出国の国旗が付いており、そして丁寧に「非売品」とも言及されている。確かに食糧を寄付する側からすると、「難民のためにカネを出しているのだから、売らずにちゃんと食べてくださいね！」という「押し付け」のような気持ちがあるのだろう。しかし受け取る側からすると、「毎日同じものばかり食べられない。たまには違ったものを食べたいから、時には物々交換したり、あるいは売って他の食べ物を買いたい」と思うものだ。

私が常に疑問を持っていたのは、一枚四×五メートルの大きさのビニールシートの配分である。家族四、五名につき一、二枚しか提供されない。当然、家族を分けた方がより多くもらうことができ、スペースも有効的に使えるために、若者が「即席結婚」したり、親子が意図的に分裂して登録する家族が発生する。援助を巡って、家族やコミュニティがますます破壊する一方で、支援する側は援助を通して権力を持ってしまうのだ（第六章に後述）。

†人権侵害に基づくキャンプという構造

二〇〇一年の『世界難民白書』（一〇八頁）によると、「『難民キャンプ』の性質を端的に言い表す明確な定義はない。この語は、規模も特徴もさまざまに異なる居住地を表現するために使われている」とのことだ。確かにそうかもしれないが、バーバラ氏いわくキャンプの特徴には明白な共通点がある。

　前述の「要塞」の機能でわかるように、キャンプの最も重要な特徴とは、運営が権威主義的であることだ。難民の中にはキャンプを「倉庫」どころか「刑務所」だと呼ぶ人もおり、まるで精神病院であるかのようにすべてが整理・組織化されている。その意味でキャンプは「絶対権力の施設」だ。キャンプには統一した運営方法はなく、オーストラリアのようにキャンプ・収容所が民間の刑務所企業によって管理されている場合、メディアや活動家によるアクセスがなく、難民の自由が剝奪される。そのため、ある研究者は、「UNHCRと人道団体は、国際人権を完全に無視したような形でキャンプを運営している」と批判するが、キャンプ生活が難民の人権を侵害しているというより、キャンプという構造自体が人権侵害に基づいてつくられたと言った方が正確だろう。

　では、どのような人権侵害が難民キャンプで侵されているか見てみよう。

　まず健康の権利だが、食糧援助の質・量がともに不足しているため、難民は栄養失調になりがちだ。サブサハラアフリカでは急性栄養失調が平均三〜五％だが、スーダンのキャンプ九カ所ではそれが二〇〜七〇％と非常に高い。栄養失調だと、子供たちは当然勉強に集中できない。その上、キャンプ内は超過密であるため、はしか、コレラ、赤痢と髄膜炎が一般的な環境以上に主な死因となる。しかし医療チームが把握している死亡率より、実際の死亡率はもっと高い。

それは、家族の死亡をキャンプの運営側（地元政府とUNHCR）に報告すると、その分、WFPによって食糧援助の割り当て量が減少されるため、難民がほとんど報告しないのだ。

次に移動の自由だが、その重要性は現在の難民の国際保護が始まった時から認識されていた。第一次世界大戦後の一九二一年、フリチョフ・ナンセン氏は国際連盟の難民高等弁務官に就任し、ソ連政府と交渉した後、一〇〇万人のソ連難民のために「ナンセン・パスポート」と後に呼ばれた証明書を発行し、難民に移動の自由を与えた。これなしに、難民の解決策――それが母国への帰還にしろ、定住にしろ――は見いだせないと信じられていた。この功績が認められたためにナンセン氏はノーベル平和賞を受賞し、「難民の父」とも呼ばれている。それなのに、その移動の自由がキャンプ内で侵されているのは何とも皮肉だ。

難民キャンプの中には、例えばタイのビルマ難民キャンプのように、キャンプ周辺にフェンスが設置され、タイの民兵がキャンプに派遣されたところもある。それによって、森で飼料収集やキャンプ外で働く手段がなくなる。キャンプ内で畑仕事をするにも狭すぎて菜園ぐらいしかできなくなり、ますます食糧援助への依存心が高まるのだ。

ウガンダでは、難民「キャンプ」ではなく、難民「定住地」と呼ばれており、難民に広大な耕地が用意され、移動と就労の自由があり、また現地校にも無償で通学できると言われている。そのため、ウガンダは「難民になるには最高の場所の一つ」と言われているが（しかし後述のように、同国ではルワンダ難民にとって安心して生活できない）、実は、この難民定住地の本質はキャンプとほとんど変わらない。例えば、キャンプ外に移動するには、ウガンダ政府からの許可書を毎回取得せねばならない。また難民が不法な日雇いではなく正規な仕事に就くには、地方に位置する難民キャンプから首都カンパラまで行って許可書を取得せねばならない。バスの交通費と宿泊費などを含むと二八米ドル、そして労働許可書は一六八米ドルかかる（二〇〇〇年頃の価格）。資金があってこそ、移動の自由が保障されることになる。

その他、地元の住民の権利も奪われる点を留意されたい。難民支援のような無償の援助、特に食糧が何十年も外部から入り続けると、地元の農業に悪影響を及ぼし農民が失業するなど、キャンプでの「援助経済」が地元の経済をゆがめることにつながる。

さらに重要な人権侵害も忘れてはならない。それは難民の生存権であり、場合によって難民はその権利を失うために、キャンプに強制移動されたと言っても過言ではない。後述するように、特にルワンダ難民にとって、難民キャンプは刑務所どころか「地獄」を意味するのだ。

†高まる難民の欲求不満と無気力

このように重大な人権が侵害されているため、キャンプ生活を嫌がる難民はかなり多い。そのため最初からそこでの生活を拒んだり、キャンプで数カ月生活した後に都市や村に移り自立定住した難民も多い。またキャンプ生活は嫌だが都市に移る手段がなく、選択のないままキャンプに居続ける人もいる。彼らはどのような心境でいるのだろうか。

私が出会ったあるコンゴ人の男性は二歳児と赤ん坊の二児の父親で、すでに約一〇年難民生活を送っている。彼は、在コンゴの反政府勢力がキャンプに忍び込んで難民を連れ去ったり、UNHCRが相談に乗ってくれないと愚痴をこぼした後に、怒りを込めてこう叫んだ。

「子供たちは幼すぎて、自分たちが難民であることをまだわかっていない。でも数年後にわかる。僕は、子供たちに自分たちの状況を、また難民のことをなんて説明すればいいんだ!」

ルワンダのカガメ大統領も子供の頃に、ウガンダの難民キャンプで育った。自身が一二歳の時、父親にこう聞いたそうだ。

「なぜ僕たちは難民なの? なぜここにいるの? 何か悪いことをしたの?」

真の難民は犠牲者であるはずなのに、反対に何かの罪で罰せられたからキャンプにいると勘違いしている子供は多くいるだろう。

そのカガメ大統領は一九五七年に生まれ、一九五九年にウガンダに家族とともに越境し、それ以降ウガンダで二〇年間、難民生活を過ごした。幼少の時に父親を亡くして苦労をしたと聞いている。一九七〇~八〇年代のウガンダは政治的混乱期で、難民は差別され軍事目的に利用され、暴力が当たり前の環境で育った。ベニート・ムッソリーニやアドルフ・ヒトラーなどの独裁者がそうだったように、カガメ氏の幼少期の経験（キャンプ生活を含む）がその後の成長に影響を与えたのだろう、とあるルワンダ難民が指摘する。現在カガメ大統領は「現職の国家元首の中で最悪な戦争犯罪人」（世界有数のルワンダ研究者、フィリップ・レインツェンス氏）となり、後述のようにルワンダは深刻な安全保障の問題を抱えている。

難民キャンプに長年いると欲求不満がたまるのは、キャンプでは上から与えられるもので生活し、社会的な生活を営むことができないからだ。難民キャンプは多くの場合、地方の孤立した場所に設置され、町から隔離されている。そのため、現地の言語や文化伝統を学ぶことなく、現地の人との相互理解も生まれないこともある。そして後述のように、キャンプ生活が身体的・精神的に、そして社会福祉に影響を及ぼす。欲求不満以外に、無力化する難民も多い。難民が「刑務所」に長年入ることで、難民の創造的なエネルギーが無駄になり、主体性が失われる。それは、難民自身がウガンダのキャンプ生活を描写した以下のエッセイからわかる。

ここが好きだ。なぜなら、キャンプの指導者が食べ物を持ってきてくれるから。
他に行く場所がない。自分は今、子供のようだ。どこにいるかもわからないし、どこに行けばいいかもわからない。
自分は、将来何が起きるかわからない盲目のようだ。

私たち難民は小さな子供のようで、キャンプの総括者の命令に従っているだけだ。私たちはＵＮＨＣＲの傘（保護）下にいるため、自分の意思で動くことは不可能だ。彼らが私たちの人生を選ぶためだ。

難民の身として、何も提言はない。なぜなら、ＵＮＨＣＲがすべて提言するから。

あなたみたいな人が私をガイドしない限り、自分は何もわからない。森林にいるサルのようだ。何をすればいいのかわからない。

難民が無力だから支援するという認識があるようだが、実は逆で、難民キャンプの生活が、人々を無力化してしまっているのだ。なぜなら、キャンプには政治的、経済的、そして軍事的な人口支配という意図があり、難民の以前の生活様式と文化を特徴づけた経済的戦略と社会的支援システムへのアクセスが剝奪されるからだ。その上、協力、共有、相互依存関係というどの社会でも必要な価値観や、難民が過去に得た技術や自然との共存という知恵が失われる。

難民・避難民キャンプを数日、あるいは数時間しか訪問しない外部者、特に平和ボケの日本人は、「難民はいつも明るい笑顔を絶やさない。厳しい状況でも頑張っている」という表現を使う傾向が強い。特にテレビ番組でキャンプを訪問するタレントなどは視聴者に感動を与えるためか、苦悩の中でも前向きに生きている難民のイメージをつくりたがる。確かに落ち込んでいても何も変わらないために、かえって開き直って明るく振る舞う難民がいるのは事実だ。

特に日本人の若者と接して気になるのは、「なぜ（貧しい生活をしているのに）アフリカの人々や難民の笑顔は素敵なのか」や「相手を笑顔にしたいために働きたい」といった「笑顔」に関する問いやコメントが多いことだ。しかし、あるモザンビーク人が言うように、「笑顔は最高の贅沢品」であり、誰だってカメラを向けられると、多少悲しくても笑顔ぐらい見せることはできる。たとえ、それが偽物であってもだ。その一瞬見せてくれる希望や夢と並行して、難民の心の中に恐怖心や怒りが相当あることに留意されたい。そしてその感情が政府、国連とNGOに向けられていることも。

†キャンプ生活様式が性的行為に悪影響

ここでキャンプ生活の実態を理解するために、一九九四〜九六年、コンゴ東部の難民キャンプに住んでいたルワンダ難民女性のビアトリス氏の証言を紹介したい。当時のコンゴの事例は史上、最悪のケースの一つとして記録されているので、難民キャンプの代表的な例ではないが、難民による著書の数が大変少ないため了解されたい。

難民は苦痛を感じていた。それは、自分の土地、家、仕事と国を奪われたからだけでなく、サバイバルしないといけなかったからである。仕事を持ち、まともな生活を送っていた人にとって、他人に何をどれくらい食べなさいと決められることは、なかなか受け入れられないものだ。一日中何もせずに、ただ支援を待ち続けて座っていることはさらに耐えがたい。自分の価値のなさが身に染みることは、想像できないほどの最悪事態である。それを忘れるために、難民は酒や道楽にはまり、アルコールとセックスが主な娯楽となる。結婚年齢がどんどん低くなり、結婚というものがますます曖昧になる。一五歳以上の女の子の大多数が妊娠しているか出産経験者である。娘を持つ家族のほとんどがこの問題を抱えていた。

国際世論によると、ルワンダ難民キャンプでシングルマザーが増加した理由は、フツが将来ルワンダで権力（政権）を取り戻すという意図的な計画があるためだったという。しかしキャンプ内で何もすることがない上、プライバシーがないので、子供は幼い頃からセックスのことを自然と学んでいることになる。

貧しさから、若い女性は化粧品、靴や洋服などを買うためのお金や食べ物を手に入れるために、我が身を誰彼かまわず売ってしまう。親の権威にも危機が起きる。それは、親が経済的に頼れる存在でないため、子供たちは言うことを聞かなくなるからだ。親子関係がうまくいかなければ、子供は難民キャンプを管理している人道支援団体にいつでも頼ることができ、そこで小屋と、食糧援助を受ける権利が与えられる食糧カードがもらえる。性教育が多かれ少なかれない中で、エイズと並んで性病が急増していた。

つまり、難民の主体性のないキャンプ生活によって、少年・少女のセックスの関心度の増長、親子関係の軋み、若い家族の躓きとアルコールへの依存の問題が発生するのだ。人道支援（またその団体）がこれらの問題の原因をつくったことに関して、第六章で説明する。

以上からわかるように、「国際社会」は性行為・出産の増加を政治的な目的と結びつけた。必要以上に蔓延した難民キャンプ内での性行為について誤解があるので、少々説明しよう。やはりコンゴ東部にいたもう一人のルワンダ難民、ピエール・クラベール・ンダチャイセンガ氏が自著 *Dying to Live: A Rwandan Family's Five-Year Flight Across the Congo*（2013）に、キャンプの生活様式が子供にどう悪影響を及ぼしたかについて、オープンにかつ詳しく描写した。

一般の村や町での生活と異なり、キャンプでの詰め込みの生活の中で、若者は性的表現の受け入れを強いられている。難民の小屋（あるいはテントのようなシェルター）の中は布が仕切り代わりになるが、プライバシーが全くないまま、親子が同じスペースを共有する。電気がないのでろうそくやランタンを使用すると、外から中が丸見えだ。かつ、隣人の小屋とは最長一メートルしか離れていないところもあるために、東日本大震災の被災者の仮設住宅と同様に隣人の声が筒抜けだ。当然、両親は子供の前で性行為をオープンに行えず、たとえ控えめに行っても、同居している子供たちは興味津々に観察しショックを受ける。その影響で、一〇代の子供たちは性欲を満たすために早々と性的パートナーを見つけ、家族を築くのであった。もちろん前述のように、ビニールシートなどの援助物資を多くもらうためでもあるのだが。

2 難民キャンプ内の暴力

†なぜ暴力が起きるのか?

難民キャンプでは時おり、難民出身国以上に暴力が起きるというデータがある。その原因は上記のフラストレーションに加えて、教育も就労の機会が限られるので、若者は希望も夢も持てなくなり、将来への不安が募る。また難民出身国で起きる対立といった事件は時おり隣国に飛び火し、政治的活動の温床である難民キャンプに住む同国人の生活に影響を与える。例えば、一九九六年にルワンダ政府軍とウガンダ政府軍がコンゴ東部に軍事介入して以降、在ウガンダのルワンダとコンゴ難民の間でも緊張関係が高まった。

しかしそれ以外に、国連、NGO、受入国政府と出身国政府が直接その暴力の原因をつくることがある。それらを紹介しよう。

まず、UNHCRが治安対策のために雇った部隊が逆に暴力の原因になることだ。代表例は一九九五年、コンゴ東部のルワンダ難民キャンプはUNHCRの要請を受けて、モブツ大統領の特別警備隊一五〇〇人からなる「キャンプ治安担当コンゴ保安隊」という軍事の管理の下に置かれた。その保安隊の派遣の目的は、難民と人道支援機関の安全の保障と、難民の軍事訓練の予防であったが、難民にとってその保安隊の着任は悪夢の始まりだったという。

ルワンダ難民は一九九四年にコンゴ東部に越境してからコンゴ政府軍からハラスメントを受け続けてきたが、保安隊はさまざまな口実を使いながら、その状況を悪化させた。例えば、保安隊がレイプを犯したければ、「服の下に手榴弾が隠されているからチェックする」という理由で難民女性を連行した。このような事件は難民の報告がない限り、外国人である国連・NGO職員やジャーナリストは決して知ることがない。

実はこの保安隊による侵害は保安隊が自主的に行ったものもあれば、ルワンダ政府（RPF）によって仕掛けられたものもあった。一般的に知られていないが、虐殺中・後にコンゴに逃亡したルワンダ難民を追っかける形で、RPF要員も難民として逃亡するふりをし、そのままコンゴの難民キャンプに居ついた。RPFはツチが主導だが、典型的なツチの顔立ちをしたRPF要員が、フツが主にいる難民キャンプにいると目立つ。そのため、典型的なフツの顔立ちをした人がRPF要員として人選され、スパイとしてキャンプに送られたという。RPF要員の中には、孤児院用の難民キャンプで孤児として登録し、日中は他の難民キャンプで監視活動をした人もいる。このことから、RPFが保安隊に「潜入」したと言っても過言ではない。

そもそもUNHCRが保安隊を要請した理由は、緒方高等弁務官が難民キャンプにおける緊急の安全措置を「国際社会」に求めたが、反応が鈍く、他の選択肢がなかったからだ。コンゴ政府軍の悪評にもかかわらず、「エリート」（少なくともコンゴ政府軍の中で）であるモブツ大統領の特別警備隊にキャンプでの安全保障を要請したが、難民によるとその保安隊がなかった方がましだったと言う。UNHCRにとって安全対策の選択肢が限られていたとはいえ、結果的に保安隊が難民に害を与えたことになる。

†男性も弱者

もう一つの暴力の原因に関して、UNHCRやNGOが指定する弱者の枠が狭く、真の弱者が時おり注目されない点だ。そもそも難民は国連、政府やNGOの都合に合わせてあやつられていることから、難民全員が弱者であるが、ここでは「弱者の弱者」について書きたい。

一般的に、難民女性と子供は社会的弱者と言われ、UNHCRが指定する「弱者」（vulnerability）のカテゴリーも、母子家庭の女性、孤児、暴力を受けた女性が主である。確かに、女性

大雨の中でも、避難先の学校の校庭で料理をする女性たち。彼女たちは肉体的に弱いかもしれないが、精神的に強い（2008年、コンゴ東部にて、写真提供：千葉康由）

は軍隊や反政府勢力の兵士におそわれて性暴力にあったり、家庭暴力にも悩まされる。子供は故郷から安全な場所へ移動中に親と離れ離れになり孤児となりやすく、また子供は大人に従順であるため、徴兵や児童労働の対象にされやすい。しかしバーバラ氏が指摘するように、この弱者のカテゴリーは非常に狭い。そこで、本当に女性と子供が主に弱者なのか考えてみよう。

難民女性は家から安全な場所を求めて移動する際も、また難民キャンプ内においても、伝統的な役割――子供や老人の世話、食事の支度、薪集め、水くみ、洗濯など――を果たし、朝から晩まで忙しく動き回る。その上、国連やNGOは、女性が決定権を持てるように、女性のエンパワーメントに関する研修や事業を立案したり、新たなリーダー的な役割を与えるなど、女性は必要以上に脚光を浴び「チヤホヤ」される。

しかし私自身、難民キャンプを歩き回って難民の生活を観察したが、男性の方こそ特別な支援を必要としていることがわかった。男性らは昼間から木の下に集まり、地元の酒をともにしながら、母国の政情について議論し国のノスタルジーにふける。彼らは難民になる前、家の一本柱として責任を持ち、家族やコミュニティから尊敬されていた。もちろんその身分は難民になっても変わらないが、財産、家と職を失った難民になったことで、自分に誇るものがなくなる。それに加えて、避難中などに家族の一員が暴行を受けたなら、世帯主としてかつ夫として、家族を守る責任が果たせなかったと自分を責め、ますます自信をなくす。女性とは逆に、男性は簡単に無力化するため、女性限定の支援事業を当然面白くないと感じているはずだ。

一般的に男性は強くなくてはならないと育てられているため、弱音が吐けず、その分ストレスがたまり、家庭内暴力を起こすはめになる。それがキャンプ内の暴力や治安問題へと導くこともある。そのため、国連やNGOは女性や子供を支援するとともに、コミュニティ事業の一環として男性を自然に巻き込む必要があるのだ。

†「戦闘の年頃」の青年も犠牲者

男性の中でも、特に一〇~三〇代の「戦闘の年頃」の青年が弱者の分類に入っていない点も留意すべきだろう。この年齢層の青年は、戦闘員の強制リクルートの対象となりやすいので、青年の動きはもっと注目されるべきである。この年齢層の「強くて若い男」が恐れられていることは、二〇一五年、トランプ共和党候補の以下の演説でも明らかだ。

史上最悪のトロイの木馬かもしれない。移民は女性と子供と潜入し始めている。彼らは全員男だ。女性と子供は少ない。男性というだけではない。彼らは若く、強い男性だ。

実は二〇一五年、在ルワンダのブルンジ難民キャンプにおける軍事訓練が問題視されたが、その訓練の対象者全員が一〇〜二〇代の「戦闘の年頃」にいる難民だった。特に軍人の経験、そして保健関係（医師や看護師）や運転手・メカニックなどの技能を持っている人には求人担当者から圧力がかかったという。なので、難民支援というと、職業訓練や教育が適切と思い浮かべがちだが、このような訓練は時おり軍事面で役立つことはよくある（第六章に後述）。

また難民出身国・受入国・拠出国政府のプロパガンダに騙されてか、偏見を持った人道支援・人権団体が真の弱者を排除するケースがある。例えば前述のように、ルワンダの虐殺後、ルワンダ政府（ＲＰＦ）を中心に「フツ男性（特に二〇〜五〇歳代）は虐殺首謀者」という宣伝が拡散され、主要なメディアもそれについて十分な調査をしないまま、大々的に強調してきた。

そのためか、あるルワンダ人男性の難民申請者の面接がUNHCR関係者に拒否されたことがある。

フツだけではなく、ツチの男性も同様に弱者だ。ツチの難民申請者の中に、「徴兵が嫌で隣国ウガンダに逃げたのに、徴兵させられた兵士本人らがそこにいた。ケニアに逃亡してもフツから嫌がらせを受けた。多くのルワンダ人が受け入れや難民認定を拒否されたので、UNHCR事務所に行くのも怖い。ルワンダでも受け入れられず、行くところがない」と話す人がいた。

私はこのように、政府軍や反政府勢力にリクルートされた青年数名にコンゴの刑務所などで会ったが、彼らは想像できないほど真っ暗な人生を送ってきた。幼時から戦争の環境に生まれ育ち、戦争や虐殺が起きる度に、大湖地域内を越境し続けてきた。避難・逃亡・脅迫の毎日を繰り返す中、自分の国籍や故郷がわからなくなり、家族の愛も教育も受けないまま、暴力しか知らない人生を送ってきた。

†キャンプ賛否論争

ここまで難民キャンプの問題点を読まれてわかったように、難民の多くがキャンプ生活を嫌がり、世界各地でデモがよく起きている。いくつか事例を挙げると、一九八七年、難民キャンプの軍事化を含むリスクがあったために、エルサルバドル難民はホンジュラスで大規模なストライキを起こした。二〇〇二年、オーストラリアの悪評の高いウーメラ施設の拘置に抗議して、難民申請者は自殺未遂をした。イスラエルでは二〇一四年、難民三万人が抗議の一環としてデモを繰り広げた。それは、イスラエルの砂漠地帯に位置するサハロニム刑務所が、アフリカ出身の難民申請者が送りこまれている世界最大の拘置施設（八〇〇〇人収容）であり、母国に自主的に帰還したくない難民は拘束が義務付けられているからだ。

バーバラ氏などの研究者・活動家らが唱える「キャンプ反対、社会統合の促進」論には、難民キャンプの運営のコストの高さも含まれている。拠出国や国際機関は多額を支出してまで、なぜ難民キャンプの運営を継続する必要があるのか。それは後述するとして、UNHCRや他の研究者がキャンプ反対論に対して、反論が四点ある。

第一に、難民自身がキャンプのような集合体を好み、その方が安全の確保ができると思っている点だ。難民が発生した当初から国連らがキャンプを用意しているわけではなく、難民が越境した際に、自分たちで空き地、学校や教会等に集団で群がる。数週間、あるいは数カ月間そこで生活した後に、国連やNGOが介入して支援をするのが通常のパターンだ。確かに難民が集合体でいた方が目立ち、人道援助団体から支援がもらえる可能性は高くなるため、それを狙って意図的に集合体をつくる難民もいるだろう。しかし、難民が集合体を好んでいると言うより、他に選択肢がないまま群がっていると言った方が適切である。

第二に、難民受入国のホスピタリティに限界があることだ。難民を受入国のキャンプではなく、地元社会に定住させても主要な問題がない事例がある。そもそも国境線は人工的につくられたもので、国境の両側に親戚がいる場合がよくあるため、「難民」というレッテルではなく、「我々の兄弟、姉妹を受け入れなくては」という気持ちの方が強い地域もある。ただ地元社会が受け入れを始める際、最初は同情心から難民に寛容的であるが、その態度が数カ月、数年続くとそうはいかない。その間、さまざまな人間関係が生まれ、どんなに心がある人でも限界はある。特に貧困に苦しみ、資源が不足している国であれば、受入国の市民と難民の間で限られた資源を巡って競争は絶えない。

第三に、キャンプの開設の是非は「国際社会」ではなく、受入国政府が政策を決めるため、UNHCRはそれに従順でなければならない点である。しかし上述のように、南の難民の政策は主に拠出国と人道支援機関によって決まるものだ。さらにバーバラ氏によると、UNHCRは常にキャンプの政策は受入国政府の責任と言い逃れてばかりいるが、もっと受入国と拠出国に難民政策に関して説得すべきだと主張している。

第四に、受入国政府による開放的な難民政策は考えられない点である。難民の受け入れによる人口増加、環境破壊、難民に対する恐怖感、犯罪率の上昇などの安全問題といった負の効果を考慮すると、難民の受け入れに反対する政府がもっと増えても不思議ではない。キャンプを築くべきかどうかというよりも、キャンプで高い生活水準をどう確保し、厳しい条件の中で最適な生活状況をどう提供すべきかに関して議論すべきだという。
UNHCRの『世界難民白書』にも、キャンプに関して以下のように記述されている。

難民キャンプに関する賛否論争は、いろいろな意味で核心を見失っている。キャンプは本来、危険な場所でも不安定化している場所でもなく、また自立定住は必ずしも難民にとって最善の選択肢とは限らない。受入国や人道援助組織そして政策立案者にとって真の課題は、生活の場がキャンプ内であろうとなかろうと、難民が安全と安定と尊厳が保たれた生活環境を享受できるようにする点である。難民キャンプはそのような難民の目的を十分にかなえることができる。そこで難民は軍事化から守られ、法の支配が維持され、十分な保健衛生や教育などの最も重要なサービスを提供され、自立の機会を得る。こうした目的にこそ、人道的努力は向けられるべきであろう。(二〇〇一年)

UNHCRの言い分はわかるが、キャンプは本当に危険や不安定化した場所に設営されないものなのか。難民はキャンプ内で、どのように安全と尊厳が保たれた生活環境を享受できるのだろうか。また誘拐、暴力、レイプ、襲撃、軍人のリクルートなど多くの危険から難民を守るための手段としてキャンプが用意されているが、どのようにそれを実現できるのだろうか。

3　難民キャンプの軍事化

†「難民戦士」の歴史

文民である難民が住むキャンプは、軍事的色彩のない、かつ人道的性格の確保が重要だ。そのためキャンプ内の武器の保管、軍事訓練と徴用、そして外部からキャンプに対する軍事攻撃が禁止されている。武装した者や勢力がいれば、文民から分離されなければならない。しかしキャンプは紛争地の周辺に設営されることが多く、ほとんどのキャンプは塀がない空地で、政府軍、武装勢力や民兵が自分の庭であるかのように、キャンプを自由に行き来している。

前述したように、難民に希望も仕事もなければ欲求不満が高まり、仕事の選択肢がない中、自身のサバイバル（安全保障）のためにも武器を取る人がいる。このように武装化した難民は、「難民戦士」（refugee warrior）と呼ばれる。難民は文民でなければならないため、「難民」と「戦士」の組み合わせは矛盾しているが、本書ではこの普及された用語をあえて使用する。その呼び方は一九八〇年後半から使用されているが、その歴史は半世紀以上前に遡る。

まず、国際機関やNGOが最初に直面した現代の難民戦士は、一九四八年～四九年のアラブ－イスラエル戦争後に発生したパレスチナ難民と言われており、その難民キャンプはその頃に設営されている。一九五〇年代は、西サハラからアルジェリアの難民キャンプに逃れたサハラウィ難民はスペイン植民地政府、そしてその後はモロッコ政府と戦った。

一九六〇年代は、ウガンダやブルンジにいたルワンダ難民が武力行使でルワンダに帰還しようと試したが失敗した。当時、中国がルワンダ難民の反政府組織を支援し、東アフリカの港町であるモンバサ（ケニア）やダルエスサラームとザンジバル島（タンザニア）を通じて、武器と弾薬を輸送した。そして三〇年後の一九九〇年に、第二世代のルワンダ難民がウガンダから母国に侵入する前、ウガンダの難民定住地で軍事訓練が行われた。

南部アフリカでアパルトヘイト解放運動が盛んだった一九七〇年代は、モザンビーク、アンゴラとザンビアにあった難民キャンプはANC作戦基地として使用され、南ア軍やローデシア（現在のジンバブエ）政府軍によって攻撃された（南ア政府の言い分は、解放運動に賛同した多くの難民は対南アの破壊運動に関わっていた）。モザンビークとザンビアにおける数カ所の難民キャンプが事実上、「ゲリラ・キャンプ」であることを理由にUNHCRは支援を拒否した。

一九八〇年代には、タイ、パキスタン、エチオピア、南部スーダン、ウガンダ、ホンジュラスにおける難民キャンプは武装各派の支配下にあり、戦車や重火器などの隠し場所や反政府勢力の後方基地として使われた。一九八二年、イスラエルがレバノンのパレスチナ難民キャンプに突入し、殺戮、あるいは虐殺が起きたことは有名な事件である。

国連の推定では、カンボジアのクメール・ルージュは難民に配布された食糧と医薬品の五〇〜八〇％を手に入れたようだ。その実現方法とは、難民キャンプのリーダーが支援対象者数を水増しさせ、人道支援団体が定めた食糧の割り当て量より少量を配布したことで、残った食糧を国境沿いに隠された軍事キャンプ数カ所に転送できた。主にクメール・ルージュによって運用されたその軍事キャンプは機密だったために、人道支援団体へのアクセスが限定された。

一九九〇年代には、コンゴ、ルワンダ、ブルンジ、シエラレオネ、ケニア、タンザニア、アルバニア、西ティモールの難民居住地が軍事化した。南部スーダンの反政府勢力SPLAがケニアのカクマ難民キャンプのリーダーを任命することでキャンプの運営にも関わっていた。

最近（二〇一五年）の事例も紹介しよう。前述のように、国連によると、ルワンダ政府はブルンジ現政権を打倒するために、在ルワンダのブルンジ難民キャンプにて、ルワンダ政府軍は子供を含む難民（あるいはブルンジの反政府勢力）少なくとも四〇〇名に軍事訓練をした。ルワンダ政府は、その難民らにコンゴの偽装の身分証明書を渡して、コンゴ東部経由でブルンジに入り、ブルンジのピエール・ンクルンジザ大統領を打倒する計画を立てていたようだ。

大規模な難民危機の一五％が軍事化する傾向があると言われ、「難民戦士」はすべての難民キャンプに適用しない。が、この数はあくまでも報告に基づいているもので、過少報告されたものを含めると実際にはもっと高い可能性がある。「難民戦士」は受入国政府の支援と理解のもとで聖域（military sanctuary――ここでは難民キャンプを指す）があるからこそ活動が維持できるのだが、その裏でアメリカのような大国も支援している。

†キャンプの位置と武装解除

難民・避難民キャンプは文民的性格を維持するために、受入国政府がキャンプ内で難民と武装戦闘員の仕分けをしなければならない。しかし軍人は時おり、軍服ではなく文民の格好で入ってくるので、区別することは容易でない。戦闘員が自ら進んで武器を差し出さない限り、丸腰の行政やＵＮＨＣＲが武装解除させるのは不可能だ。

私がコンゴ東部で勤務していた頃、避難民キャンプ内に現地の政府軍の兵士が入りこみ、避難民男性に強制的に水を運ばせる風景は時おり目撃した。避難民は恐怖感に包まれ、「文句を言いたくても、怖くて何にも注意できない」と話していた。軍事化の防止のためにキャンプには現地の警察が配置されたが、避難民同様に軍人を怖がっている。軍人の立ち入禁止について、警察はＵＮＨＣＲや他の人権団体から啓蒙され頭で理解しているものの、十分な教育も訓練を受けていない軍隊に逆らうことができない。

このような軍事化問題は、キャンプが紛争地や国境に近く、そして武装解除が進んでいないこともあって起きる。ＯＡＵ難民条約によると、キャンプ設置の基準とは、「庇護国は安全上の理由のため、できる限り難民をその出身国国境から相当な距離を置いて居住させるものとする」とのことだが、特に具体的な距離について言及はない。ＵＮＨＣＲは国境からなるべく遠く離れた場所に難民キャンプを設定するように努めているものの、難民自身がそれに反対することがよくある。なぜなら、故郷の様子を確認したく時おり越境するので、国境からあまり離れた所にキャンプを設営してほしくないからだ。それに加えて、多少軍事地帯に近くても、「ここなら、まだましだろう」と他に選択肢がないまま、キャンプが開設されるのが現状だ。

それなら、せめて軍事化の予防となる武装解除に努力すべきだと思われるかもしれない。例えば、コンゴの平和構築の一環である、武装解除（Disarmament）・動員解除（Demobilization）・再統合（Reintegration）・祖国への帰還（Repatriation）と再定住（Resettlement）というＤＤＲＲＲ（コンゴ東部にはルワンダを含む外国の武装勢力がいるため、通常のＤＤＲではなく、帰還が含まれている）は表面上、促進されているように見える。だが、現地のアクターがＤＤＲＲに関して政治的意思を欠く場合がある。実はＤＤＲＲの促進を訴え、「コンゴ東部にいるＰＫＯは何もしていない！」と常に国連を非難しているルワンダ政府自身が、ＰＫＯに対してルワンダ人元戦闘員の帰還の手続きをとらないように邪魔をしていると報告されている。

なぜルワンダ政府がＤＤＲＲＲに非協力的なのだろうか。それは、コンゴ東部に約二〇年滞在し活動してきたルワンダ反政府勢力（ＦＤＬＲ）は鉱山の位置も含めて現地の地理を十分に把握しているので、ルワンダ政府は資源の確保を狙ってＦＤＬＲを利用しているからだ。そのため、ルワンダ政府はＦＤＬＲが帰還せずに、コンゴ東部に長く滞在し続けることを願っている。たとえ、子供兵士を含むＦＤＬＲ元戦闘員がルワンダに帰還したとしても、ルワンダ本土に着いたとたんにルワンダ政府軍に強制的に加入され、コンゴ東部に弾薬を輸送させられる。その意味では、ＤＤＲＲＲはルワンダ政府にとって「新入兵士のリクルートの源」として役に立っているかもしれない（ＦＤＬＲとルワンダ政府の関係は第四章で述べる）。当然、このような政府のＤＤＲＲＲに関する政治的意思の欠乏が、難民・避難民キャンプの安全に悪影響を与える。

それに加えて、「国際社会」は武器の不法流入に関して積極的に規制をしているとは言えない。たとえ国連から武器輸入禁止という制裁はとられても、現地アクターは簡単に破る。これには、もちろん国連安保理常任五カ国とも武器の最大輸出国である事実と関連している。難民を含む一般市民が安心して日常生活を過ごすことができるように、武器製造やその不法流入を止めなければならない。近年、武装無人機という「小型武器」も出回っているため、軍事化の問題がますます不可視化されることが懸念される。

†ルワンダ国内に自国民の難民キャンプ？

カガメ大統領を含めルワンダ政府・軍（ＲＰＦ）の幹部の多くは元難民で、難民キャンプで育った人が多く、経験上、キャンプを嫌がっているはずだ。そのルワンダ政府が、難民キャンプを軍事目的に利用するためにあやつった事例を紹介したい。ＵＮＨＣＲ自身が「奇妙な事態」と認めており、難民だけでなく、ＵＮＨＣＲもＲＰＦに悪用されたと言ってもいいだろう。

一九九六年にルワンダ国内で、国籍が不明な難民キャンプが開設された。ＵＮＨＣＲの『世界難民白書』（二〇〇一）に明記された部分を紹介する。

> 一九九五～九六年の間に、（コンゴの）ツチ系住民およそ三万七〇〇〇人がルワンダに逃げた。半数は（中略）紛争で追い立てられたザイール（コンゴ）のツチ系住民で、残る半分は一九五九年に国外に逃れた難民だった。ルワンダ政府は即座に、ＵＮＨＣＲへ国境（近く）のコンゴ側に難民キャンプを開くよう要請した。ルワンダに流入した「難民」の多くがもともとはルワンダから逃げた人々であるという奇妙な状況だった。ＵＮＨＣＲとしては、国境（近く）のコンゴ側に新たな難民キャンプをつくるよりもルワンダへの帰還を成功させたかったのだが、全く不本意ながらルワンダ側に二カ所のキャンプを開いた。（傍点は筆者が

追加。本文に「国境〈近く〉の『ルワンダ側』」と記されているが、正確には「コンゴ側」である）

これらの難民の大半はバニャムレンゲと、一九五九年と一九六〇年代にコンゴ東部で難民化したツチのルワンダ人である。彼らは次第にコンゴ東部の経済や政治の分野に影響を及ぼすようになり、その上コンゴ国籍も与えられたため、コンゴ人は彼らに対して徐々に敵対心を抱くようになった。そのため、コンゴ人はルワンダ系住民のコンゴ国籍取得と土地所有を妨げようと、コンゴ国籍法を数回変更した。

複雑なことに、在ルワンダの難民キャンプに滞在する「難民」の国籍がコンゴ人なのか、あるいはルワンダ人なのか不明だ。身分証明書があってないような地域なので、UNHCRやNGO職員は、難民本人の「自分は××国の人間だ」という主張を信じるしかない。地元の人なら、ある程度その主張が嘘かどうか判断できるだろうが、外国人だとわからない。

この難民の国籍は大変微妙で政治的な問題であるが、ルワンダ政府（RPF）は国益追求のためにその未解決な国籍問題を悪用し、いつの間にか難民を「コンゴ人」と認識したのである。

ではなぜルワンダ政府はその「難民」キャンプを国内に推進したのだろうか。それは、難民キャンプが戦闘員のリクルートという重要な機能を有しているからだ。RPFは、コンゴ東部の「紛争最前線」に輸送する「通過点」の場所を国境沿いに探しており、難民キャンプが必要だったと言えるだろう。一九九六年以降、RPFとUNHCRが管理する難民キャンプとトランジット（通過）センターがコンゴとの国境沿いのルワンダ西部に計三カ所ある。国連によると、それらの場所において、RPFとその同盟団体である「コンゴ」反政府勢力（RCDとCNDP――前任のAFDL同様に、RPFが創設し支援した）が、子供を含む「コンゴ難民」をリクルートした。そのリクルートの促進のために、RPFの役人はCNDPのリーダーやコンゴ政府の役人と一緒に難民キャンプを訪問し、難民に「難民の地位やコンゴ人の市民権がなくなるぞ」、また「強制帰国させるぞ」と脅した。

その他、ルワンダ政府軍が難民キャンプの「コンゴ難民」を、ルワンダ人として軍にリクルートしたという報告もある。RPFがそこまでして「コンゴ難民」を必要としたのは、前述のFDLR同様に、「コンゴ難民」をコンゴ東部に派遣して、天然資源の確保に利用していたからだろう。その証拠の一つとして、国連いわく、「コンゴ難民」がルワンダに越境した一九九六年当初から、ルワンダ政府が「難民」の身分証明書を提供せず難民を不安定化させることで、コンゴ東部での軍事（徴兵）活動への参加を強要したということだ（UNSC, 2004）。まさに、難民の国籍の曖昧さに加えて、DDRRR、「難民」キャンプと「難民」の存在が受入国政府によって悪用された事例だ。

4 「テロ」組織が難民キャンプや(偽装)NGOを利用?

†世界最大の難民キャンプがテロ活動の温床

いくつかの政府は難民キャンプを、いわゆる「対テロ戦争の前線」として位置づけている。それに加えて、多くの政府は、紛争から逃れた難民や長期化した難民らを、イスラム系の「テロ組織」の過激化とリクルートの可能性として認識している。

ケニアのソマリア難民キャンプといわゆる「テロ組織」のアルシャバーブとの関係性を中心に、その実態について説明しよう。ケニアにおける難民の歴史を振り返ると、同政府は、隣国のソマリアとスーダンから大量に難民が流入した一九九〇年代まで難民の受け入れに寛容だった。それ以降、事態は急変し、大量のソマリア人がケニアに移動し始めると、ケニアは一旦国境を閉鎖したが、「国際社会」からの強い要請で再びソマリア難民を受け入れた。

もともとケニアが独立する前の一九六〇年代に、ソマリ系住民は住民投票でケニア北東部がソマリアに帰属することを求めていたため、他のケニア人は彼らに対して警戒心を持っていた。しかし一九九一年にソマリア内戦が勃発後、ソマリア人が難民としてケニアに越境し、ダダーブ難民キャンプに住み着いた。同キャンプの設立当初から武器密売が行われるなど、「準恒久的になった」同キャンプの軍事化が問題視されてきた。と同時に、急増するソマリア難民人口、イスラム勢力による脅威、急増する犯罪率、そして彼らの経済的影響力にケニア政府は警戒心を抱くようになった。

ダダーブキャンプはソマリア難民を中心に約四〇万人を収容しており、二〇一四年の時点で世界最大級の難民キャンプであった。ダダーブはソマリアの首都モガディシュに次いで、ソマリア人が世界で二番目に多く住む「市」でもある。

ケニア政府によると、そのキャンプ内で、アルシャバーブは戦闘員を動員している。ダダーブは乾燥した砂漠地帯に位置し、ケニア国内で政治的にも経済的にも疎外されている。そのために、失業中の若者はアルシャバーブやアルカイダの誘いに簡単に乗ってしまうのだろう。しかし多くは強制的にリクルートされているようだ。またダダーブにある al-Haramain Islamic Foundaion という唯一のムスリムのチャリティー組織は、テロリストを養っているのではないかと非難されている。同団体は宗教学校の運営以外に、砂糖、米など、WFPが配布しない食糧の配布もしている。その上、ラマダン中は、ラクダやヤギの肉を提供するので、イスラム教徒難民の心を摑むことができる（すでに本組織はダダーブでの活動が禁止されている）。

アルシャバーブ要員はR&R（Rest & Recuperation）を取って、家族や友人がいるダダーブに来ているようだ。実はこのR&Rは、緊急事態に対応し週末なしに働くことが多い軍隊、国連機関やNGO職員のストレス解消のために、数週間や数カ月に一回の割合でとる国外休暇のシステムであるが、「テロ組織」もそれをまねているようだ。その意味で、本組織にとって難民キャンプは「バカンス」の場である。

アルシャバーブがキャンプ内で動員している一方で、ケニア政府や在ケニアのソマリ系住民も、戦争犯罪に値する一五歳以下の子供を含む難民を動員して母国に帰還させ、アルシャバーブとの戦闘に参加させようとしている。難民を大金で誘惑し、「国連、アメリカや欧州委員会が支援する勢力に参加する」と騙している。難民を人質にとって紛争の道具に利用していることについて、ケニア政府は否定したが、難民キャンプに住む保護者、脱走兵や地元のリーダーによると、キャンプ内の売店や公共広場で堂々と青年や少年へのスカウト活動が行われた。

そのダダーブ難民キャンプから一〇〇キロしか離れていないガリッサという町にある大学が、二〇一五年四月、アルシャバーブによって襲撃され、キリスト教徒とイスラム教徒の学生ら一四八人が殺害された。信憑性は明確でないが、地元政府によると、大学の襲撃事件の立案者は、ケニア内で大規模なテロリストのネットワークを有し、テロ行為の温床となっている同キャンプにまで及んでいる。

あえて強調するが、ソマリア難民全員が「テロ行為」に関与しているわけではなく、またダダーブも完全には軍事化していない。しかし、ケニア政府にはすべての責任を難民に転嫁する意図がみられ、ダダーブを二〇一七年に閉鎖し、難民全員をソマリアに送還すると発表している。なぜこの時期なのか。現在のシリア難民への対応に見られる「先進国」の無責任さが、ダダーブ閉鎖の決定のきっかけとなったのではないだろうか。

†イスラム系NGOが米大使館爆破に関与?

ダダーブ難民キャンプがテロ行為の温床となっているとの疑惑は、一九九八年、ケニアの首都ナイロビでの米大使館爆破の際も持たれた。テロ組織のリクルートと訓練がされ、al-Ittihad al-Islami というソマリアの過激派でイスラム系組織が潜み、アルカイダやアフガニスタンのタリバンとも連携しているとのことだ。テロ行為に直接的・間接的に関与しているアクターは、アルシャバーブ、政府や「難民」だけではない。日本ではほとんど知られていないが、米大使館爆破事件後に、イスラム系NGOの政治的役割が浮き彫りになった。

ケニアの裁判所によると、アルカイダは、Mercy International(MI)[2]というNGOの事務所にて米大使館爆破の計画を立て、その秘密書類を隠した。そしてアルカイダのメンバーはMIの身分証明書を持って人道支援者のように装い、その事務所に住まわせた。さらに、Help Africa People(HAP)というNGOは、援助活動に関わっていなかったものの、アルカイダの内密作戦のために利用された。このため、ＭＩの事務所がケニア警察と米連邦捜査局によって、そしてＨＡＰの他に、Al Haramain Foundation, International Islamic Relief Organisation, Ibrahim Bin Abdul Aziz Al Ibrahim Foundation のＮＧＯの事務所が、ケニアの法執行機関によって強制捜査され、その他に、五つのイスラム系ＮＧＯの活動が禁止された。

また二〇一三年九月に起きたナイロビのショッピングモールの殺戮に関与した四人のうち一人が、ケニアの難民キャンプに以前住んでいたことが明らかになった。

ナイロビは、周辺国（ソマリア、スーダン、コンゴなど）の紛争地域で人道支援に関与している国連機関、政府機関と国際ＮＧＯの地域事務所が数多く集まり、人道支援団体を装って「侵入」することは大変安易なことだ。その上、ナイロビは「東アフリカのバンコク」と呼んでも過言ではないほどに、難民以外に、観光客、売春婦、武器商人や薬物関係者、などが集まる都市でもある。その人間の坩堝《るつぼ》の中に、アルシャバーブのソマリア人のメンバーが、難民やビジネスマンを装ってケニアに越境するため、難民と他の者との区別がつかなくなっている。

右でイスラム武装勢力の経済的影響力について触れたが、その財源は、他のテロリスト・グループ、ソマリアのディアスポラ、海賊、人質、ビジネス、近隣国政府、そして人道支援などさまざまである。人道支援の財源とは、具体的にダダーブ難民キャンプやソマリアに配布される援助物資や食糧の横流し以外に、ソマリアのアルシャバーブ支配地域で活動する国連機関やNGOに課される税（事務所の賃借料の一五％）も含まれる。MSFは、アルシャバーブから滞在許可費として一万ドルの支払いを要求された際に、代替品としてチャット（葉っぱの麻薬。噛むと精神が高揚する常緑樹の一種で、ソマリアの男性は日常的に噛む）を支払ったこともある。ソマリアでは一九七〇年代に、食糧援助の横流しはすでに定着された活動となっており、エチオピアでも、食糧援助が、政府軍、特に未払いの地方の民兵を養うために利用された。

ケニアにおける難民が北米やヨーロッパなどに定住する「第三国定住」にも汚職がはびこり、二〇〇〇年代初めにビジネス化したことが発覚した。ソマリア難民から大金の賄賂を受け取って、第三国定住を促進した人の中には、恥ずかしいことにUNHCRの職員も含まれている。

第三国定住を通して、世界各地に定住した難民の中に、どれだけの「偽装難民」、あるいはアルシャバーブ関係者がいるのか知る余地もない。母国は紛争が続き帰還できない、ケニアにも社会統合できず、難民キャンプもずっといたくないとなると、第三国定住しか恒久的解決が残っていない。UNHCRは難民全人口の五％以下しか第三国定住を処理していないため、競争率が大変高い。それを使って汚職したことの罪は大変重い。

5 難民・国内避難民キャンプの目的

†国内避難民キャンプの運営に関与する目的

ここまで主に難民キャンプについて記述したが、今日、人道支援団体は「避難民キャンプ」という場も設置し、その運営にも関わっている。避難民のオペレーションを含む、人道支援対応のアカウンタビリティーを改善する目的で、二〇〇五年、国連機関とNGOなどが「クラスターシステム」という新しい調整メカニズムを導入した。このシステムで、UNHCRは「保護」「キャンプのマネージメント」（紛争から避難した避難民のみ。自然災害からの被災者に関しては国際移住機構〈IOM〉）「シェルター」のクラスターの責任者、そしてユニセフは「水・衛生」「教育」「栄養」などのクラスターの責任者などと定められた。

実は、UNHCRはすでに一九七二年以降、南部スーダン（現在の南スーダン）などで避難民の保護に関わり、そして一九八二年以降、世界の避難民の統計が正式に取り始められた。一九九〇年代以降、避難民数が増加するにつれて、UNHCRがその保護を担うべきだという議論が「国際社会」で長年続いた。UNHCRは避難民の保護に関する政治的意思があっても、難民と違って避難民は国内に留まっているため、国家主権の侵害という問題が邪魔して、UNHCRがなかなか介入できなかった。その一方で、人道支援・人権NGOや研究員らが大国や国際機関に対して、避難民の規範や構造の必要性を考慮するように圧力を与え続けてきた。

なぜ北の国でこのような動きがあったのだろうか。研究者のフレデリック・レイカー氏によると、避難民の保護に関する北の国での動きは、「国際社会」による避難民の保護を通して、一九五一年の難民条約を無効化する、そして南からの北へ向かう難民の移動を抑えるための言い逃れだという議論になる。前述のように、冷戦中、共産主義の「敵国」から西洋諸国に逃亡した難民は手に職を持ったヨーロッパ人が主だったために、西欧諸国は難民の受け入れに積極的だった。しかし一九九〇年代以降、主に「弱者」の難民が南の国々から逃亡したために、北の国がパニック状態に陥った。そのため、その難民が北の国に脱出しない方法の模索が、そして国内の「予防的保護」（前述）が、避難民の保護に関わるクラスターシステムの誕生につながったのだ。

日本を含む拠出国が資金提供によって、難民の（一時的な）問題解決に関わることは、大変楽である。その一方で、難民受入国政府の負担はかなり大きい。日本のように数十人のビルマ人の第三国定住というレベルではなく、数十万人、数百万人の規模で受け入れている国ではさまざまな対立が起きる。その対立とは、難民同士、難民と地元コミュニティ間、難民と受入国政府間、難民とUNHCR間などで、治安、雇用、土地の所有、環境破壊などを巡るものだ。そのような「問題児」と認識される難民との対立を北の国に輸出しないためにも、南の国で避難民をキャンプ内に「保管」せねばならない。

国連は「キャンプのマネージメント」のクラスターに関して、こう明記している。「必ずしもキャンプの導入を支持していない。本クラスターの目的は、解決策を見出しながら、避難者の権利が実現されるように、サービスの提供を調整し、彼らを地域社会で支援することである」。しかし、現実はどうなのだろうか、次節以降で説明する。

†難民・国内避難民キャンプと労働者

近年、キャンプにいる難民を労働者として使用することが研究者によって検討されている。ますます深刻化している難民問題に対応するために、オックスフォード大学難民研究所所長アレクサンダー・ベッツ氏と、同大学教授で経済学者のポール・コリアー氏は、「経済特区をつくって、シリア難民を雇用し自立の道を与えていくべき」と提言した（『フォーリン・アフェアーズ』二〇一五年一二月号）。以下は、その寄稿文の一部をまとめたものだ。

シリアの難民危機に対する国際的政策は、一九五〇年代以降の難民政策と同じ論理が前提にされているため時代遅れなだけでなく、大規模な難民の移動に直面したヨーロッパはパニック状態に陥ってしまった。拠出国が人道支援の資金を提供し、難民受入国が多くの場合キャンプを設営して、シェルターとケアを提供するとされている。シリアやその他からの難民たちがEU圏を横切って目的国へと向かう事態を前に、「どうすれば彼らを公正に扱えるか、難民たちが地中海、あるいはバルカン西部を横切って目的地への危険な旅を続けることをどう阻止できるのか」と、目の前の問題への対応ばかりが議論されている

難民キャンプを選んだ人の生活も同様に満足できない。雇用の機会がないために、少女たちが売春の道を選ぶことがあり、少年の中には、シリアに帰って武装集団に入ろうとする者さえいる。こうした事態を阻止しようと、拠出国と国連のような国際機関は、ヨルダン、レバノン、トルコに対して、シリア難民を社会統合するように働きかけてきた。しかし、これらの諸国の政治指導者たちは、難民の自国社会への同化という考えを拒絶している。難民は国内雇用に対する脅威と見なし、彼らの存在は余裕のない予算をますます逼迫させると認識しているからだ。

難民危機に対応する新しいアプローチが必要なことは、明らかだ。効果的な難民政策とは、短期的に難民の生活レベルを改善し、長期的には地域全体の繁栄を強化し、難民受け入れ国の経済、安全保障利益を高めなければならない。

ヨルダンを例に考えてみよう。経済特別区をつくって、シリア難民に雇用を提供して自立の道を与え、社会統合のアプローチへと見直しをする。最終的にシリア紛争が終わった時に備えて、難民たちにビジネスの下地をつくり、このプロセスによってヨルダン経済の発展にも寄与できる。こうしたアプローチなら、難民の必要性と受け入れ国の利益を重ねることができ、このモデルは（トルコやレバノンなど）難民危機に直面している多くの諸国にも適用できるだろう。

国家と難民との伝統的関係の破綻から見て、新しい政策、つまり受入国の経済利益と難民の必要性をともに満たすような経済的に持続可能な政策が必要とされている。そのためには、（経済特別区を築いて）難民を受入国の労働市場に参加させなければならない。経済開発区での労働に参加させれば、難民たちの自立心を育み、目的を与えることができる。何よりもここで身に付けた技術を、紛争が終わった母国で生かせるようになる。

二〇一六年一月に開催された世界経済フォーラムの年次総会（ダボス会議）でも、著名投資家ジョージ・ソロス氏が、「経済特区は新たに流入する難民の受け皿にもなる」と、コリアーとベッツ案を持ち上げた。確かに難民には雇用が必要だが、身分証明書や社会保障がない多くの難民は安い労働力として働くしか方法がない。

実は、難民・避難民キャンプには従順で強い「労働力」が集中し、政府や反政府勢力などの支配する側にとって時おり魅力的な場である。

リベリアのある避難民キャンプの近くに、タイヤメーカーのファイヤストーンの世界最大級のゴム農園があり、そこでは毎二週間、一五歳から三〇歳の元戦闘員の男性らがトラックで農園に連行される。そこで二〜三週間、一日五〇セント（約五〇円）という低賃金で奴隷労働をさせられ、避難民がキャンプに帰る際に、WFPから食糧が提供される。ファイヤストーンがアメリカの企業であれば、WFPも主にアメリカ政府に支援されている国際機関だ。本企業のために、その付近でキャンプが開設されたかどうか不明だが、その可能性は高いだろう。しかも恐ろしいことに、避難民キャンプの安全と保護を担当するリベリア政府と、UNHCRの代行としてキャンプを管理する現地NGOはこれについて十分に認識している。

難民キャンプにいる難民も労働者として使われている可能性がある。国連によると、ルワンダの「コンゴ難民」キャンプで子供が兵士としてリクルートされているが、派遣先のコンゴ東部の採掘場（＝「紛争地」）で、おそらく鉱夫として労働を強いられている可能性が高い。それは、採掘場において四〇メートルの細い穴の中で、有毒の水につかりながら泥の中から素手や素足でコルタン（携帯電話、ノートパソコン、ゲーム機などのコンデンサに用いられる鉱石）を洗い流す作業があるが、その穴が小さいため、小さい体つきの子供しか入れないからだ。

前出のベッツ氏とコリアー氏が、このように難民・避難民キャンプが奴隷労働の場として悪用されている可能性を十分に知っているかどうか不明だが、これではまるで難民を低賃金労働力、あるいは奴隷としか認識していないということではないか。

†難民キャンプの設営のメリットと目的

「国際社会」（国際支援団体と拠出国）が避難民という国内にいる国民の保護に責任を持つと、どのような影響を及ぼすのだろうか。まず前述のクラスターが国家の権力維持に間接的に加担することで、国家の役割や「国際社会」と国家間の関係が問われる。クラスターが受入国政府の代行として現地の文民（避難民）を保護するという意味では、「植民地主義」の復活のようだ。現地政府の役人が完全に「国際社会」に依存するため、国家主権の喪失になりかねない。

実は一九三三年、ジェームズ・マクドナルドが国際連盟難民高等弁務官に任命され、その二年後に提出した辞任届には、「人道主義が国家主権の侵害より勝る必要がある」と請願している。それはまるで、その七〇年後を予言するような内容だ。

国家主権の侵害の問題があるものの、クラスターは当事国政府にとって都合の良いフレームワークかもしれない。それは、地元政府が、クラスターの下で避難民の保護という責任逃れができ、かつ国連とNGOを通して（＝利用して）キャンプで人口支配ができるからだ。

例えば二〇〇〇年代後半に、スリランカ政府とＵＮＨＣＲとの協力で、「避難民の信頼醸成と安定化措置」という事業が展開された時のこと。前出のレイカー氏いわく、ＵＮＨＣＲらは軍事化した「強制収容所」（避難民キャンプ）の設営と運営に加担したとのことだ。「高度な安全地帯」と定められた収容所では、少数派のタミル避難民一〇万人が抑留されていた。キャンプは避難民の安全性の身元調査という目的を有したが、政府による情報規制のために、メディアと人道支援団体は一切アクセスが許可されなかった。収容所に諜報要員が配属された理由は、スリランカ政府と対立していた「タミル・イーラム解放のトラ」が再結成しないように監視するためだったという。

このように国連とＮＧＯが保護・支援する避難民の「強制収容所」の例は、ウガンダ北部やビルマでも見られた。第六章で述べるように、国連とＮＧＯのキャンプでの活動が、軍関係者による人口支配の目的に間接的に加担することがあるのだ。

これまでの議論をまとめると、多くの難民・避難民キャンプはさまざまなアクターにとって役立っていると言える。もちろん当事者の難民と避難民以外は——。

まずＵＮＨＣＲと人道支援団体にとって、難民らがバラバラに散らばっているよりも、集合体でいる方が彼らへの保護と支援がしやすい。またキャンプはビジビリティが高いため、広報にも役立ち、拠出国から資金調達がしやすいというメリットがある。

次に受入国政府にとって、第一章で述べたように国益と政策を進めることができる上に、難民が犯すかもしれない治安リスクと、地元の負担を最小限に抑える効果がある。その上、難民という低賃金労働者、あるいは奴隷労働者を生かして地元経済が活性化でき、開発の機会につながる可能性がある。

そして「難民戦士」、現地周辺国の政府軍と反政府勢力にとって、休息をとり、そして新人戦士をリクルートできる場である。国連や国際NGOによる食糧、飲み水、医療ケア、住居、教育や福祉を無償で享受できる上に、「難民戦士」はキャンプの住民らからの徴税（配布された食糧援助の「食糧税」も含む）で自分たちの軍事資金を補充でき、難民を支配して一種の「ニセ国家」を築くことができる。キャンプの位置は戦地に近いため、戦闘員は妻子を預けることもできる。難民キャンプでは国連やNGOは日中のみ活動しているが、日没後と週末はいないため、「難民戦士」が軍事活動を自由に展開できるという、まさに軍事拠点である。

その上、北の国の拠出国にとっても、難民を北の国に移動させないという強制収容の目的を持つキャンプは有効的である。特に北の国が近年、関与している避難民キャンプ——つまり抑圧された「強制収容所」——は、国連・NGOという文民組織、そして政府軍・武装勢力という軍事組織という異なる両アクターが、避難民の「保護・支援」（安全保障上、軍事組織が保護するという意味も含む）という意図があるが、その一方でキャンプは歴史上「人口支配」という目的を有している。この保護・支援と人口支配とは矛盾した政策であるが、国連とNGOはクラスターシステムを通して難民・避難民を管理し、他方では政府と軍関係者は軍事的（徴兵と資金調達）、経済的（労働）、そして政治的（反体制の監視）という目的で難民・避難民を統治しているのだ。

難民・避難民をますます犠牲にする、このようなキャンプの実態とアジェンダに関して、もっと議論を深めなくてはならない。

第四章

難民と安全保障
——ルワンダの事例から

殺戮が起き、多くの死体が転がっているルワンダのキベホ国内避難民キャンプ。右側に国連平和維持活動(PKO)のザンビア軍兵士が数名立っている(1995年、写真提供:MSFインターナショナル)

1　暗殺されているルワンダ難民

†虐殺を招いたルワンダ難民問題

第三章で、難民キャンプにおける暴力と軍事化について言及したが、難民キャンプ外でも安全保障の問題は起きうる。本章で指す安全保障とは、難民個人の安全、出身国政府の観点からすると国外にいる難民が安全保障の脅威になること、そして難民がいる受入国に不安全（insecurity）が波及するという三重の意味を持つ。

映画『ホテル・ルワンダ』の影響もあって、一般的に一九九四年のルワンダの虐殺は、多数派フツと少数派ツチ間の民族対立がエスカレートして起きたと認識している人が多いだろう。確かにそれも一理あるが、要因としては三〇年間、ルワンダ難民の問題解決策が追求されなかったことの方が大きい。それは特に、第五章で説明する難民の帰還とも関連する。

一九六〇年代に、ルワンダ難民の大規模な移動が注目されなかった理由は、「国際社会」の関心が主に隣国で資源大国のコンゴの動乱――カタンガ州独立運動、パトリス・ルムンバ初代首相の暗殺、そしてダグ・ハマーショルド国連事務総長の専用機撃墜事件（暗殺の可能性が高い）――に集中していたからだ。それはともかく、ルワンダ難民の問題解決策について、UNHCRは反省を含めてこう振り返る。

一九六〇年代にルワンダ難民問題の永続的な解決策が見出されていたら、その後の事態はどう変わっていたか。難民の大多数が帰還を望んでいたことは、ほぼ疑いの余地がなかった。仮にこの時点で帰還が行われていたとすれば、ツチとフツの間に和解が見出され、三〇年後の大量虐殺も起きなかったかもしれない。あるいは、必要な資金の拠出に国際社会がもっと積極的であったなら、タンザニアのような政治的に安定した庇護国への現地定住が奏功していたかもしれない、と考えることもできる。また地域的な解決策の模索にも、もっとできることがあったに違いない。（『世界難民白書』二〇〇一）

UNHCRはこう遺憾の意を述べながら、現在もその教訓から何も学んでいないのではないかと疑問に思う。なぜなら、UNHCRはルワンダ難民問題の原因を追求せずに、一方的に終了条項の適用（＝間接的な強制帰還、第五章に後述）という形で、現在、長期化しているルワンダ難民の問題にピリオドを打とうとしているからだ。

本章では、ルワンダ難民の事例を使って、元難民の問題の未解決が内戦と虐殺に導いたこと、そして現在、元難民が再び新たな難民の状況を生み続け、かつ難民が暗殺されているという安全保障の問題について言及する。

ルワンダ難民の事例を挙げる理由はいくつかある。ルワンダは虐殺の悲劇を乗り越え、経済的に発展し、和解が進んだ「開発の成功例」や「アフリカの優等生」というイメージが浸透している。だからこそ、本難民の存在に言及すると、必ずと言っていいほど「まだ難民がいるのですか? 国が平和になったのに、なぜ帰らないのですか?」と驚かれる。実はルワンダは世界で唯一、注目度の高い政治的な難民を多数生んでいるのだが、その実態が広く知られていないのは彼らが「望ましくない者」であり、様々な理由上、不可視化しているからだ。前出のレインツェンス氏は、現在のルワンダは噴火直前の火山のようだと警告しており、同国のガバナンスとともに難民の問題が早急に解決されなければ、将来残虐行為が起きうる可能性がある。

†ルワンダ難民の歴史

いつから、どのようなルワンダ人が難民になったのか、その歴史を簡単に説明しよう。一九五一年の難民条約以降の強制移動に限定すると、ルワンダ難民はサブサハラアフリカではスーダン難民に次いで二番目に古い。ルワンダ難民の大量移動は三つのカテゴリーに大別できる。

第一のカテゴリーは、一九五九年の社会革命後、主にツチが一二万人周辺国に逃亡した。U

NHCRの事務所がヨーロッパ以外の大陸で初めて開設したのはブルンジで、それは一九六二年にルワンダ難民を受け入れるためであった。当時、ルワンダのキゲリ五世王は退位し、アメリカで亡命生活を送っていたが、二〇一六年一〇月にワシントンDCの自宅で亡くなった。王までが難民になる国はイラン、アフガニスタンやブガンダ（ウガンダ）など数カ国を除いて他にはないだろう。

当時の難民受入国のうち、ルワンダ難民が政治的にも軍事的にも最も活動的であったウガンダに注目したい。同国は一九七〇～八〇年代に、三回のクーデターや内戦によって政権が替わり、その度に難民が政府軍と反政府勢力に動員されたり政治的な道具として悪用された。例えば、悪評だったイディ・アミン大統領は自国民抑圧の手段として難民を利用し、兵士や秘密警察に取り立てた。また一九七九年当時、難民だった現在のカガメ大統領らが反アミンの戦闘に駆り出された。ルワンダ人に反感を持っていた一九八〇年代のミルトン・オボテ政権は、ルワンダ難民が飼っていた家畜三万頭を略奪した。その際に、難民は迫害を受け殺害され、またルワンダに追放される事件が続いた。

このような環境の中で何もしないより自分たちを守るためにも、難民、特に孤児は、ウガンダ反政府勢力のNRMに合流した。そのためNRMの幹部の二五％は、ルワンダ元難民（注：難民は文民であるため、反政府勢力に加入したとたんに難民でなくなる）で成り立っていた。一九八六年にNRMがほぼ全土を掌握し、ムセヴェニ氏が大統領に就任する。ルワンダ元難民がNRMの勝利に貢献したため、同難民らはかなり自信を持つようになり、多くの同難民が世界中からウガンダに集まるようになった。ウガンダ政府はルワンダ元難民の貢献に感謝し彼らの帰化を検討したが、結局、国会で非ウガンダ人による土地の所有権を承認しなかった。それがきっかけで、ルワンダ難民が国籍と土地の所有のために、母国への侵攻を計画し始めた。

一九八七年、難民は帰還を目的にRPFを創設したが、その帰還とはあらゆる可能な手段を使ってというものだった（実は一九八〇年に別名の組織が同じ目的で設立されたが、それがRPFに命名された）。一九八八年にワシントンDCでルワンダ難民の世界会議が開催され、「（武装した）帰還の権利」が決議された。そして一九九〇年、在ウガンダのRPFが武力行使でルワンダに侵攻し、一九九四年までルワンダ政府とRPFの間で内戦が続き虐殺が起きたのだ。

第二のカテゴリーは、一九九四年の虐殺中と直後に、主にフツ二〇〇万人が近隣国に逃亡した。これはルワンダの歴史で、先例がない難民流出となった。ジョセフ・セバレンジ氏という難民生活を三回経験した元ルワンダ国会議長、そして私の聞き取り調査によると、主にフツが国外に逃れた理由は四つある。一つ目は、フツ主導の旧政府高官がツチ主導の新政権を弱体化させるために、フツにルワンダを去るように激励したこと。二つ目は、難民の中に虐殺に関与した人々がいたために、裁きを避けたかったこと。三つ目は、当時ルワンダに派遣されたフランス軍から、派遣期間の満了前に、自己防衛のために国外に脱出するように助言されたこと。そして四つ目は、一般的に知られていない点だが、多くの難民が一九九〇～九四年、RPFがフツ民間人に対して行われた人権侵害を知っており、RPFを恐れていたことである。

右記の第一と第二のカテゴリーは、一般的に旧難民と新難民と呼ばれている。しかし、それに加えて第三のカテゴリーがあり、それは一般的に認定されておらず、*Mobilising the Diaspora: How Refugees Challenge Authoritarianism*（2016）以外には特に体系的な研究もされていない。一九九四年の虐殺以降今日にかけて逃亡している難民を「カガメ大統領・RPFの反体制派（dissidents）」と呼び、本章で説明したい。

明白な難民の統計はないが、ルワンダ政府によると、二〇一六年七月現在、難民は二八万人いるという。コンゴ東部だけで二五万人登録されており、その他にアフリカ各地、ヨーロッパや北米にも存在する。そのほとんどが第三カテゴリーに属する。

†暗殺と不都合な情報

右記の「カガメ大統領・RPFの反体制派」には、過去に一、二回以上難民になった人や、RPFに批判的であるジャーナリストと人権活動家だけでなく、カガメ大統領の元戦友という離反者――政治家、軍人、司法関係者、駐米ルワンダ大使、私設秘書、運転手、ボディガードなど――が含まれている。二〇一六年八月、ロンドンに駐在する北朝鮮大使館の公使が家族とともに韓国に亡命したニュースが報道されたが、それは北朝鮮だから注目されたのであり、このような政府役人の亡命はルワンダで頻繁に起きている。

その難民の中に、映画『ホテル・ルワンダ』の主人公のホテルマン、ポール・ルセサバギナ氏もいる。フツである氏は虐殺された側と言われるツチを保護したため、本来ならツチ主導のRPFから感謝されるべきだ。しかし氏は、RPFが虐殺などの責任をとっていないと非難しているために、ベルギーにある氏のマンションが荒らされ、氏自身も繰り返し脅迫されている。

そのルセサバギナ氏を含め、アフリカ、ヨーロッパや北米在住の難民が計七つの政治団体を結成している。難民の流出により、ルワンダ政府は貴重な人材を失っただけでなく、亡命先で反政府体制が形成されたために、出身国のRPFにとって脅迫となっている。

特に注目すべき点は、一九九六年から二〇一三年まで計九名の注目度の高い難民が暗殺されていることだ。ある外交官が呼ぶように、ルワンダはまさしく「暗殺国家」である。難民が暗殺された亡命国と肩書きは以下の通りだ（括弧内は暗殺された人数）――ウガンダ（1）＝ジャーナリスト／カメルーン（1）＝ビジネスマン（「虐殺首謀者」の兄）／ケニア（3）＝元内務大臣、元RPF大佐、ビジネスマン／ナイジェリア（1）＝RPF批判者／ベルギー（2）＝元交通大臣、「虐殺首謀者」の妹／南アフリカ（1）＝元諜報機関トップ。

これらの人々におそらく共通する点は、虐殺に関してRPFにとって不都合な情報を持ち、そしてそれを外部に公開したか、あるいは公開を予定していたことだ。これらの人々以外に国内外で殺害（暗殺未遂も含む）、不法逮捕、行方不明、強制送還、そして脅迫を受けた人は数百名もいる。ルワンダ難民の失踪は、国によってインターポール（国際刑事警察機構）が関わることもあるが、ある難民いわく、その逮捕状は偽物とのことだ。

ルワンダ人だけでなく、一九九四〜九七年に現地で働いた外国人も殺害された。彼らは、スペイン人のNGO職員、カナダ人とカンボジア人の国連人権高等弁務官事務所職員[3]、カナダ人の神父など。その神父は虐殺で起きたことを録音し、それを使ってRPFの罪を暴く予定だったが、虐殺直後の一九九四年一〇月に殺害された。その他の人々は、大量死や殺戮など目撃してはならない、またRPFにとって不都合なものを、たまたま目撃したと言われる。ルワンダ国内だけでなく、タンザニアでも現地人のICTR弁護士が二〇一〇年に殺害された（後述）。

その他、弁護士やジャーナリストなどRPFを批判するカナダ人五名の名前が「暗殺者対象リスト」に掲載されたことが二〇一五年に報道された。そのうちの二人が元ルワンダ人（一人はカガメ大統領の元秘書）で、他は女性が一人いる。

†難民が難民を暗殺か？

これらの暗殺（未遂）事件の中で、最も世界を驚かせたのは、二〇一〇年から二〇一四年にかけて南アで立て続けて起きた事件だ。

二〇一〇年、サッカー・ワールドカップの開催中に、ルワンダ政府軍の元参謀長で野党「ルワンダ国民会議（RNC）」の共同創設者のカユンバ・ニャムワサ氏がヨハネスブルグで車での移動中に腹部を銃で撃たれた。その二日後、入院先の病院で二度目の暗殺未遂にあった。

そして二〇一三年大晦日に、ルワンダの元諜報機関長でRNCの共同創設者であるパトリック・カレゲヤ氏が、ヨハネスブルグの高級ホテルで絞殺された。カガメ大統領政権の打倒を訴えているRNCによると、この暗殺はカガメ政権の工作員の仕業である。長年諜報に関わっていたカレゲヤ氏が、旧友との再会という罠にはまったために余計にショッキングだった。

右記の暗殺事件の捜査が続く中、二〇一四年三月、ヨハネスブルグ市内でニャムワサ氏の自宅が武装集団に襲撃された。本人と家族は当時留守で無事だったが、氏の暗殺未遂は三回目だ。

ルワンダの対立は一般的にフツ対ツチという民族間と信じられ、フツの「虐殺首謀者」などが中心に結成したルワンダ反政府勢力（FDLR）がツチ主導のRPFの敵だと言われている（後述）。しかし、カガメ大統領の本当の敵は現在のルワンダ難民で、その中でも特にRPF元幹部で構成されたRNCのメンバーを恐れている。彼らの多くは、一九五九年以降にウガンダに移った難民の第二世代であり、同大統領と約三〇年の戦友であった。

だが、一九九〇年代後半以降、戦友らはカガメ大統領と意見が食い違うようになったため、少しずつ同大統領から離れ、ついに国外亡命した。特に元RPF幹部の現難民は、同大統領の弱みも、RPFがこれまで関わってきたとされる人権侵害の背景を十分に把握し、それを外部にリークしている。元難民のカガメ大統領は経験上、人一倍難民の心理を理解しており、元難民の自分たちがかつて旧政権を倒したように、現難民もRPF政権を打倒するかもしれないことを恐れている。だからこそ、同大統領は難民を支配するためにルワンダに帰還させるか、あるいは暗殺しようかと考えているのだ。

カレゲヤ氏とニャムワサ氏も一九八〇年代後半以降カガメ氏と共に、ウガンダのNRM、そしてRPFの諜報活動などに関わってきた。その後カガメ大統領の側近として長年働いたが、後に大統領の政治手法などを批判し始め、同大統領から脅迫されるようになった。カレゲヤ氏は、諜報機関長として国の和平のためにやるべきことは、真実の公表だと考えていたが、カガメ大統領に受け入れられず二回投獄された。

カレゲヤ氏とニャムワサ氏を暗殺するために、両者をよく知る元RPF幹部のロバート・ヒギロ氏がセネガルに亡命中に、一〇〇万ドルの契約でアプローチされた。その仕事を成し遂げたらご褒美がもらえるだけでなく、母国で「英雄」になると言われた。「金は問題ではない」、「事がきれいに済んだら、ちゃんと報酬は支払う」とも告げられた。ヒギロ氏はその仕事を引き受けても拒否しても、自身も最終的に殺害されることを恐れていた。ヒギロ氏は旧友のカレゲヤ氏に暗殺の企みを知らせ、数カ月にわたって、暗殺を依頼したルワンダ軍諜報機関長との電話交渉を数カ月にわたって密かに録音した。それをBBCなどに共有し、ムニュザ氏の真の声であることが確認された。

RPFは、弱い立場にいる難民であれば、暗殺という仕事を引き受けると思ったのだろう。ヒギロ氏以外に、同様な暗殺計画でアプローチされたルワンダ難民がいる。その難民は南アで片手間仕事を続け、金に困っていたところ、ルワンダ人のスパイから武器購入のために一万六〇〇〇米ドルが渡された。もし「仕事」が完成したら、大金が用意され、また政府からメダルの授章も約束された。そのとたんに、その難民は後ずさりしてしまった。

「難民を殺せるはずがない。自分も難民なのに」

結局、その難民は前金で新車を購入し、離反者らに暗殺計画を警告し、南ア警察に供述した後に姿をくらました。

このように、難民という、多くの場合、失業者で弱い立場の人が政治的目的のために利用されることはしばしばある。例えば、一九六五年、ブルンジのピエール・ンゲンダンヅムウェ首相を暗殺したのは、米大使館に雇用された在ブルンジのルワンダ難民であった。また、二〇〇〇年代にアフリカの某国で、ブルンジ人のUNHCR職員がRPFと協力し、現地のルワンダ難民を強制送還するために、ブルンジ難民を通して「ルワンダ難民がブルンジ難民を殺害する計画を立てている」というデマを拡散した。

しかし難民が難民を暗殺することは前例がないかもしれない。

カレゲヤ氏の暗殺事件後、カガメ大統領はRPFによる暗殺の関与を否定したが、左記のように亡命者への脅迫ともとれる発言をした。

「(我々が)殺すことができればよかったのに」

「ルワンダを裏切る者は、ツケが回ってくる。時間の問題だ。国家を裏切る者は、それが生じた結果から逃れることはできない」

「ルワンダ政府が殺害したら、カレゲヤは嬉しがっていたかも」

それ以外に、在イギリスのルワンダ高等弁務官はカレゲヤ氏を「国家の敵」と呼び、ジェームズ・カバレベ防衛大臣は「人間は犬になりたかったら、犬のように死ぬ」と発言した。そしてルイーズ・ムシキワボ外務大臣も「どう始めるかでなく、どう終わるかが重要。この男は、私の国と政府にとって自ら宣言した敵だった。それでも同情する?」とツイッターで流したのだ。

†難民の暗殺(未遂)と脅迫が外交問題に

ニャムワサ氏の三度目の暗殺未遂事件後、南ア政府は、ルワンダの外交官がカレゲヤ氏の暗殺事件に関与している証拠を持っていると声明発表し、在南アのルワンダ外交官三人を国外退去処分とした。その証拠とは、ニャムワサ氏の自宅の襲撃中に盗難されたｉＰａｄだった。それに備えられた位置特定機能のおかげで、ルワンダ外交官がルワンダの首都キガリまでｉＰａｄを運んだことが確認できたのである。これに関してルワンダ政府は黙認したが、同政府は報復として、在ルワンダの南ア大使以外の外交官六人を追放した。

以上の一連の事件以前にも、他国でルワンダ難民に関するさまざまな事件があり、その度にルワンダの外交関係がギクシャクした。

まず一九九八年、セス・センダションガ元内務大臣が亡命先のケニアで暗殺され（一九九六年に暗殺未遂に遭う）、一時的にルワンダとの国交関係が断絶された。二〇一〇年、ニャムワサ氏が南アで暗殺未遂に二回あった後、南アとの間で緊張関係が続いた。二〇一一年、イギリス警察はルワンダ出身の反体制派・活動家二名本人に対して、ルワンダ政府が彼らを脅迫していることを警告した。その後、イギリス保安局（ＭＩ５）もルワンダ大使に、難民への脅迫や殺害をやめるように注意した。二〇一二年、スウェーデンとベルギーは、ルワンダ難民を追跡するために両国に派遣された「偽装難民」のルワンダ外交官を母国に送還した。二〇一三年にもスウェーデン裁判所は、RPFの批判者をスパイした容疑者に有罪判決を宣告した。二〇一四年、ベルギー政府は亡命中のルワンダ元首相に、ルワンダ政府が脅迫していることを警告した。

そしてウガンダでは、ルワンダ難民の暗殺、失踪、誘拐事件が「一般化」しているが、ルワンダとの密接な同盟関係を維持している。在ウガンダのルワンダ難民は迫害を受けても、現地のUNHCRや他のNGOに報告できない、あるいはしたがらない人が多い。それもそのはず、現地のUNHCRやNGO職員の中に、ルワンダ政権とつながりがあるツチ系ウガンダ人やルワンダの諜報員、かつ偽装難民がいると言われているからだ。そのためUNHCRらに報告することで、難民の危険がかえって増してしまう。

二〇一二年七月、カガメ大統領の元ボディガードのジョエル・ムタバジ氏は、亡命先のウガンダで暗殺未遂にあった。それ以降、特別な保護を必要としていたために、UNHCRの「安全な家」(UNHCRがウガンダ警察に報酬を支払って、二四時間体制で見張っている)に家族と一緒に住んでいた。ところが氏は翌年八月に拉致され、ルワンダに強制送還された。なので、「安全な家」というネーミングは皮肉であり、かつ不正確である。

ウガンダ警察と首相局によると、ムタバジ氏を拉致したのはルワンダのスパイで、ルワンダ政府はインターポールを利用したとのことだが、その逮捕状は偽物だったことが確認されたようだ。ルワンダ政府はウガンダ政府の協力と連携なしに、ムタバジ氏の強制送還を実現できるはずがない。強制送還された氏は虐待や拷問で苦しみ、そして二〇一三年八月二一日に解放されるまで、死の脅迫を何度も受けた。

このようにルワンダとウガンダ間に、物理的に国境があっても自由に行き来できるという意味で国境がないと言えるため、ウガンダからケニアに移動したルワンダ難民もいる。その中には、カガメ大統領の元ボディーガード、エミール・ガリフィタ氏も含まれている。氏は、ルワンダの虐殺の直接的なきっかけとなった大統領機を撃墜したミサイルの輸送を担当し、その行為についてフランスで証言する予定だったが、亡命先のケニアからフランスに移動する数時間前の二〇一四年一一月一三日に何者かによって拉致された。ＲＰＦからの圧力を受けてか、フランス政府かフランス裁判所がガリフィタ氏の名前をＲＰＦに漏らしてしまったために、氏はおそらく殺害されたと見られる。

2 難民の暗殺の背景——一九九四年前後に何が起きたか？

†ルワンダ難民とアメリカＮＧＯの関係

では暗殺された人たちは、一体どのような情報を持っていたのだろうか。そしてそれに対して、UNHCRを含む「国際社会」はなぜ対応をしていないのだろうか。その背景を理解するためにも、まずフランス人の調査ジャーナリスト、ピエール・ペアン氏の著書*Carnage*（『大殺戮』）から、大湖地域におけるロジャー・ウィンター氏の役割を中心に時系列に説明する。

ウィンター氏は一九八〇年に米国難民委員会（US Committee for Refugees）というNGOの委員長に就いた。その時に在米のツチ難民と出会ってさまざまな関係を持つようになり、その後ウガンダに姿を見せ始め、現地のルワンダ大使館によく出入りした。

ウィンター氏は、一九八六年に大統領に就任したムセヴェニ氏とNRM幹部のルワンダ元難民（ツチ）にも接近していた。そしてムセヴェニ氏とルワンダ元難民は、南スーダンの反政府勢力（SPLM）の最高指導者への支援を試みた。ウガンダは南スーダンと四三五キロにわたって国境を接し、ウガンダはこの地政学上の位置を利用して、ルワンダのツチと共にSPLMを支援した。

前述のように、一九八八年にRPFによってワシントンDCで開かれたルワンダ難民の会議は、ウィンター氏が運営に協力したおかげで開催されたものだ。

一九九四年の虐殺の直前も、RPFが「虐殺を止めた」後も、ウィンター氏は常にカガメ氏と行動をともにしていた。そして一九九四年、虐殺の中でRPFが内戦に勝利した後に、ウガンダとルワンダは、一九六〇年代からモブツ大統領の打倒運動に従事してきたコンゴ人のL・カビラ氏に、コンゴ東部に勢力を拡大し、コンゴのモブツ政権を転覆する任務を託した。その際に、ウィンター氏がL・カビラ氏と共に行動し、そしてアメリカ政府も、在ルワンダ米国大使――CIA工作員という疑惑がある――もその間の一八カ月間、三〇~四〇回もL・カビラ氏と面会したことを認めている。一九九六年にルワンダ政府軍がコンゴ東部に侵攻した際、アフリカ系米軍も一緒に動員された。RPFによってルワンダで創設された「コンゴ」武装勢力(AFDL)は一九九七年にコンゴの政権を奪取し、L・カビラ氏は大統領であると自己宣告した。

ウィンター氏は表面上、NGOで長年働いていた。と同時に、米国のシークレット・サービス、そして後のイスラエル諜報特務庁モサド長官とも非常に近い関係にある。イスラエル政府がカガメ氏のそばで介入し、大湖地域の全域にイスラエル政府が関与していたのだ。

†大統領機撃墜の真実

カゲレヤ氏とニャムワサ氏が狙われた理由を説明しよう。

一九八九年、RPFがまだウガンダにいた頃黒人解放運動に携わっていた南アのANC(現政権)はウガンダに基地を築き、同時期にウガンダにいたRPFはそれぞれの母国の政権を打倒したい勢力同士として、一緒に活動していたと報じられている。南アのズマ大統領は当時、ANCの諜報に携わっていたために、カレゲヤ氏らと連絡をとっていた可能性がある。

そのためカゲレヤ氏らは、二〇〇七年、ウガンダ時代の旧友がいる南アに亡命したと考えられる。南アは注目度が高い難民を保護してきた歴史を有し、例えば、ウガンダ人の野党党首（二〇〇六年の大統領選挙に出馬）、ハイチの元大統領が二〇一一年に戻るまでの七年間、そしてマダガスカルの元大統領は二〇〇九年以降亡命している。

その上、南アは本来禁止されている難民の政治活動の規制も緩い。そのためか、カゲレヤ氏もニャムワサ氏も亡命後に、RPFにとって不都合な情報を話すようになった。一般的に大統領機撃墜は多数派のフツ過激派が仕掛けたと言われているが、実際にはその責任者はカガメであると公言した。カレゲヤ氏は二〇一三年七月、つまり暗殺される五カ月前に、ラジオ・フランス・インターナショナルで以下のように話した。

カガメ氏が一九九四年の大統領機の撃墜の責任者という証拠がある。撃墜したミサイルがどこから来たか、誰が輸送したか、そして誰が撃墜したか知っている。推測ではなく、知っていることを言っている。

なぜカガメ氏が大統領機を撃墜する必要があったのか。それは、内戦中の一九九三年に、ルワンダ政府とRPF（当時、反政府勢力）の間で和平合意が調印されたものの、カガメ氏は少数派のツチは選挙で勝利できないとわかっていたので、武力で政権を奪取するしかないと考えていたらしい（BBC, 2014）。戦争犯罪にも値する大統領機の撃墜といい、ルワンダやコンゴで起きた他の人道に対する罪といい、事実であればカガメ大統領の責任はきわめて重いと言わなければならない。

ニャムワサ氏はカガメ大統領の関与に関する証拠を提示できると述べ、裁判所で証言したいものの、それをするとカレゲヤ氏のように暗殺される可能性をよく理解している。そのため、余計な行動を出せないまま宙ぶらりんの状態にいる。さらに悪いことに、フランスとスペインの判事によると、ニャムワサ氏自身も大統領機の撃墜計画やルワンダとコンゴにおける、「虐殺」行為に関与したために、そもそものような犯罪人を難民として認定されるべきかという異論が南アであるのだ。虐殺以降、年月が経つにつれて、内部者の告発によって虐殺の真相が少しずつ明らかになっている。ニャムワサ氏はまだ五〇歳代だが、亡くなるまでこのような隠れた生活を送り、虐殺の背景について証言できないまま、この世を離れてしまうのか心配だ。

大統領機撃墜に加えて、虐殺最中のPKOの役割についても再考しなければならない。一般的にPKOは不介入で終わったと認識されているが、それは一〇〇%正確でない。虐殺の開始直後、国連安保理はPKO要員の減少を一日決定したものの、その数日後さらに強い任務をもったPKOの派遣を検討していた。それは、大量難民が発生し始めたために、その動きが地域の安定を脅かすと懸念を抱いた国連は殺戮を止め、文民を保護する計画を立てていた（Des-Forges, 1999）。

ところが、その翌日、RPFは国連の介入はもはや役に立たないと主張し、その派遣に反対したのである。カガメ氏の意図は虐殺を止めることではなく、政権の奪取であったために、国連がその機会を奪うのではないかと恐れていたからだ（DesForges, 1999）。前述のように、当時のガリ国連事務総長が「ルワンダの虐殺は、一〇〇％アメリカの責任だ！」と発言したが、アメリカ政府はRPFにPKO派遣を妨害するように助言したのだろうか。これが真実なら、PKO派遣を強く押さなかった国連だけでなく、それを妨害したRPFとアメリカ政府の責任も問われなければならない。虐殺とその後に起きた残虐行為だけでなく、今日まで発生した何百万人の難民と避難民の強制移動という重い罪の責任だ。

†虐殺の真相——一九九四年の国連報告書

もし大統領機の撃墜の責任者がフツ主導の旧政権ではなく、カガメ氏であるなら、一九九四年の大量難民の発生のきっかけとなった虐殺では、一体誰が誰を殺戮したのだろうか。

一九九四年九月、虐殺後初となる有名な国連報告書が発行された。その名は著者の名前ロバート・グソーニー氏の名前をとって、「グソーニー報告書」と呼ばれている。氏は、アフリカ各地で難民や開発関連の調査の経験を有するベテランだ。氏と同僚らはUNHCRのコンサルタントとして、難民の帰還の可能性を調査するために、虐殺終焉直後にルワンダと周辺国入りし、個別に、また小さなグループで計三〇〇人以上にインタビューをした。そこで判明したことは、通説のフツ過激派がツチを殺戮したこと以外に、虐殺を止めたと言われる「被害者」のはずのRPFが、虐殺中・後の一九九四年四月から八月まで約二~四万人の市民を殺戮したことだ。調査は数州でしか実施されなかったために、この数はあくまでも最小限で、実際にもっと多くの人がRPFによって殺戮された可能性が高い。報告書の結論として、難民が帰還できる条件がまだ整っていないと締めくくられた。

私は本報告書が公表された二〇年後の二〇一四年、本報告書の調査チームメンバーに偶然出会った。本チームは虐殺が終焉直後、まだ国内が混乱状態に陥っていた時に入国したために、彼らは自由に回ることができ、人々から自由に話を聞くことができたと言う。現在のルワンダは、「あちこちに眼がある」(Purdekova, 2011) と言われているぐらい監視国家で、政府関係者が付き添うために独立した調査はできない。

本報告書を読んだ国連高官は動揺し、「これから新政権を取ろうとしているツチ(RPF)

1994年、ルワンダの虐殺で殺戮された犠牲者の墓地（1996年、筆者撮影）

にとってマイナスになるため」、本報告書を「発禁処分」（embargo）とした。それでも同報告書の打撃はRPFにとっても大きく、その後カガメも多少おとなしくなり殺害事件も減少した。ところがその数カ月後の一九九五年一月に、ドナー国がルワンダの（虐殺後の）復興会議を開催した。前出のセンダションガ内務大臣（故人）によると、本会議は「殺人を実行してもよい」というゴーサインが暗に含まれていた「不幸な会議」だった。それ以降、国内では殺人行為が増加し、一九九五年五月に起きたキベホ避難民キャンプの殺戮（後述）はまさにその始まりだった。RPFは翌年のコンゴに侵攻し、「虐殺」まで犯した。

本報告書が発禁処分されてから、グソーニー氏自身、本報告書に関する公的な発言は許されていない。このことからわかるように帰還は大変政治的な問題である（第五章で説明）。

UNHCR内では本報告書が作成公表すべきだったという意見もあった一方で、UNHCR職員の安全保障に影響するためその公表に用心深かった人もいる。結局、国連内で共有されず、「臭いものには蓋」という処理がされた。難民からすると、本報告書が検証されなかったために、さらなる地獄の道――強制帰還、コンゴでの「虐殺」、逃亡と避難、終了条項の適用など――が続くことになった。それもあって、難民はUNHCRへの信頼を失くしたのだ。

グソーニー報告書以外に、旧フツ政府軍・民兵がツチと穏健派のフツを虐殺したという説を疑問視し、旧フツ政府軍・民兵とRPFの両アクターが虐殺に関与したことを意味する「ダブル虐殺説」を主張する人が数名いた。虐殺中の一九九四年六月、フランスのアラン・ジュペ外務大臣（当時）は、双方が罪を犯しているという意味を示唆して、複数形の虐殺'genocides'を用いて執筆した。同国のフランソワ・ミッテラン大統領（当時）も、同年一一月に行われた演説で同様の表現を使った。RPFの元高官、アブドゥル・ルジビザ氏も自著で「ダブル虐殺」を明白に論じ、一般のルワンダ難民の中には、虐殺ではなく「内戦の延長線」と呼ぶべきだと断言する人もいる。

悪いことに、国連安保理は一九九四年に起きたことを詳細に調査しないまま、その二〇年後の二〇一四年、それまで呼んでいたルワンダの「虐殺」を、「対ツチの虐殺」という特定のグループを指した呼び方を承認してしまった。RPFがかなり国連にロビーイングしたことだろう。中立であるべき国連のせいで、この世界はフツにとってますます生きにくいものとなり、あるフツは「我々フツには歴史がない」と嘆いた。

†国内避難民キャンプの爆撃

上述のように、一九九五年にルワンダ南西部にあった国内最大のキベホ避難民キャンプが爆撃され、同キャンプの住民四〇〇〇人が殺戮された。さらに、二万人が「失踪」した。もともと一九九四年の虐殺中に、フランス軍――一九九四年以前のルワンダ旧政権と強力な同盟関係を結んでいたために、RPFとは緊張関係にあった――がルワンダ南西部に「安全人道地帯」を設置した際に同キャンプを設営した（フランス軍が虐殺後の一九九四年八月に撤退した後は、国連PKOが「安全人道地帯」を引き継いだ）。爆撃された理由は、キャンプ内に「虐殺首謀者」が庇護されていると言われ、RPFはそこで反政権が形成されているとRPFは疑いの念を抱いていたからだ。同様に、避難民もRPF新政権に不信感を持っていた。

現場にいたPKOのオーストラリア軍は実際にRPF軍が命令して避難民が殺戮されたところを目撃し、かつ死体を数えた結果、少なくとも四〇〇〇あったというが、地雷があることも考慮してすべてを数えることはできなかったために、計約一万あった可能性もあるという。オーストラリアの軍人はRPF軍に殺戮しないよう止めに入ったが、RPFは聞き耳を持たなかった。もしオーストラリア軍がいなかったら、避難民約三万人全員が殺戮にあっただろうとのことだ。そのキャンプには、同じくPKOのザンビア軍が派遣されていたにもかかわらず、「我々はルワンダ政府と協力するように命令を受けている。だから無辜《むこ》の市民が殺害されても、何もできない」と話したそうだ。

その後、RPFのリーダーシップの下に設置された「独立」調査委員会によると、現場での、、、調査をしないいまま、、、犠牲者は三三八名のみと発表した。

一般的に、ある一定の安全性が保たなければ、難民や避難民は母国や故郷に帰ることはできないと考えられているため、帰還を促進する際にはかなり慎重に行わなければならない（UNHCRは時おりそれを尊重していないのだが）。ルワンダ政府は逆に、国内外に難民・避難民キャンプがある限り、安全保障を維持することはできないと考えている。出身国政府側と難民・避難民側の両アクターによる相互の不信感が、長期的な安全保障に悪影響を及ぼすのである。

†コンゴでも「虐殺」

前述のように、ルワンダの虐殺後に、大量の難民とともに「虐殺首謀者」が主にコンゴ東部に一緒に逃亡し、難民キャンプに住み着いた。彼らは政権を奪取したRPFに対して反感を持

1998年、コンゴ東部で起きた殺戮の慰霊碑。こうした慰霊碑は現地では珍しい。1998〜2002年の第二次コンゴ大戦では、周辺国をはじめとする約17カ国が軍事的や政治的に介入して「第一次アフリカ大戦」とも呼ばれる大規模な国際紛争に発展した。1996〜97年の「虐殺」と違って、国連は1998年以降の悲劇については特に名づけていないが、現地の人は本慰霊碑のように「massacre（殺戮）」、その他「ホロコースト」とも呼んでいる（2008年、筆者撮影）

ち、在キャンプの難民に対して「ルワンダは安全ではない、RPF政権が帰還民を脅している、人々は殺され投獄されているからルワンダに帰るな」という噂や真実も含めてさまざまな情報を支配した。また、援助をすべて支配し、ある種の「国家内国家」をキャンプ内に築いた。

その「虐殺首謀者」は難民キャンプに武器などを保管し、キャンプからはルワンダ領土に数回襲撃したために、RPFは難民キャンプを脅威ととらえた。そして一九九六年、自国の安全保障の理由でルワンダ政府軍はAFDLとともにコンゴ東部に侵攻し、難民キャンプを襲撃した。その際に、ルワンダ難民と彼らをホストしたコンゴ住民計数万人が殺戮され、その犠牲者は女性、子供、年配や病人という、武装勢力に対して脅威の存在ではなかった。その行為は、一九九八年の国連報告書（ガレトン・レポート）と、二〇一〇年に公表された国連報告書（マッピング・レポート）によると、「虐殺」と特徴づけられる。しかし同報告書は司法調査ではなく、国内の人権侵害を包括的にまとめて分析し衝撃的な法の裁きの欠如を徹底的に記したもので、虐殺の認定に関しては裁判所が決めるとしている。

これに対して、RPFは「国際社会」に「虐殺首謀者」を武装解除するように訴えたにもかかわらず、何の行為もとられなかったこと、そのために国家の安全保障上の理由から、ルワンダ政府軍が「虐殺首謀者」を攻撃したと自国の行為を正当化した。その上、自国民のフツ難民を救うためにコンゴ東部からルワンダへの人道回廊を築き、国内に帰還・再定住させたという（しかし後述のように、難民は帰還後、再びルワンダを離れた）。

マッピング・レポートが発表される前の二〇一〇年八月、「ル・モンド」紙と「ニューヨーク・タイムズ」紙にリークされ、論争を呼んだ。ルワンダ政府は怒りをあらわにし、報告書を公表するならばスーダンのダルフール地方から、自国のPKO要員を撤退させると脅した。おそらくそのRPFをなだめるためか、潘国連事務総長がキガリに飛び、交渉したらしい。同年一〇月一日に最終版のマッピング・レポートが公表されたが、その後、国連安保理などで同報告書の内容は一切議論されてない。国内の人口割合からするとルワンダは世界最大のPKO派遣国であるが、そのPKO派遣が「政争の具」として利用されたのである。

「国際社会」においてマッピング・レポートは高く称賛されたが、実は、本報告書が追求しなかった点がある。それは、ルワンダ政府軍とAFDLの関与以外に、コンゴでの「虐殺」の裏に米英の思惑があったことだ。それに関して前出のペアン氏は以下のように説明している。

一九九六年一〇月に、RPF軍がコンゴ東部に侵攻し、大量殺戮が起きた。フランスは、さまざまな諜報機関、人工衛星や航空写真、現地の情報提供者から、この大量殺戮に関する情報収集をし、その殺戮を止めるために軍事介入することを検討した。しかし、フランスは直ちに非常に複雑な状況を理解することになった。なぜなら、フランスの単独介入が、RPFとウガンダ、そしてアメリカの特殊部隊との不可避な衝突を引き起こすことは明らかだったからだ。フランスのジャック・シラク大統領（当時）はこの殺戮を止めるため、多国籍介入部隊の設立を提案した。同大統領は、地政学上の理由から、フランス人がその介入を先導できないことを十分理解していたため、アメリカ人の総司令官がこの多国籍部隊を率いるよう提案したのだ。（立教大学、二〇一五）

当時、多国籍部隊の設立を準備していたフランス軍の文書によると、フランス軍、米軍とイギリス軍がともに、ルワンダやウガンダを巡回していたことが書かれている。その文書によると、アメリカは介入を引き受ける意思はなく、代わりにウガンダとカガメ副大統領（当時）に仕事（殺戮の後処理）を任せるとし、米軍は大湖地域における人道的な悲劇を完全に過小評価してしまった。アメリカが大湖地域を自国の影響下に置くために、さまざまな調整を行っていたことは明らかだ。（立教大学、二〇一五）

説明を補足すると、フランス人のペアン氏はフランス政府を擁護しておらず、これまで同政府を厳しく批判した書籍を数冊出版している。それが原因で、氏はこれまでフランス政府やさまざまな団体から約七〇回告訴されたが、すべての裁判で勝訴した。また彼は、RPFを批判した自著を二〇〇五年に出版した際に、フランスや国際メディアとユダヤ団体から強く非難され、告訴されたが、最高裁を含めすべて勝訴した。コンゴ東部には米英の強い意思と介入があったからこそ、国連安保理などはマッピング・レポートの内容について一度も検証されなかったのだ。

そのコンゴ東部の「虐殺」の現場から幸い逃れ、コンゴ北東部のジャングル地域で隠れながらRPFから逃亡した前出のンダチャイセンガ氏は、当時のことを自著でこう振り返る。

年	ソース	報告書の内容	関係者（国）の反応
1994	UNHCR（グソーニー報告書）	ルワンダの虐殺中、RPF軍が少なくとも2－4万人の市民を殺害した。	国連によって、本報告書は発禁された。
1998	国連調査団（ガレトン報告書）	ルワンダ政府軍とコンゴ反政府勢力AFDLが1996-1997年に、コンゴ東部にて虐殺の罪を犯した可能性がある。	アメリカとルワンダ政府の圧力により、調査は中止された。
2002	HRW	1999-2002年に、ルワンダ軍とウガンダ軍がコンゴのキサンガニにて戦闘。1200人の市民を殺害、4000軒の家が破壊された。	両国はその主張を否定した。
2001-2003	国連専門家グループ	コンゴ周辺国の政府軍とコンゴの反政府勢力が、コンゴの天然資源を不法に搾取した。	関係国はその主張を否定した。
2006	フランスの判事	1990年代以降、大量の殺害を引き起こすきっかけとなった、ルワンダ大統領機の撃墜の責任者RPF9人（カガメ大統領を含む）が起訴される。	ルワンダはその主張を否定し、フランスとの外交関係を断絶した。
2008	スペインの判事	ルワンダとコンゴにおける、人道に対する罪とテロリズムに加担したRPF40人が起訴される。	ルワンダはその主張を否定した。
2008	国連専門家グループ	ルワンダ政府は在コンゴのコンゴ反政府勢力CNDPを、コンゴ政府は在コンゴのルワンダ反政府勢力FDLRを支援している。	両国はその主張を否定した
2010	国連人権高等弁務官事務所（国連マッピング・レポート）	ルワンダ政府軍とコンゴの反政府勢力AFDLが1996-1997年にコンゴ東部で犯した行為は、虐殺とも特徴づけられる。	本報告書の公開前に、リークされた。公開すれば、ルワンダ政府は、スーダン・ダルフールから平和維持軍を撤退すると脅迫した。
2012	国連専門家グループ	ルワンダがコンゴの反政府勢力M23をコマンドし、ウガンダもM23を支援している。	ルワンダとウガンダは主張を否定した。

ルワンダとコンゴにおける重大な罪を記述した主な国連やNGOの報告書と起訴状（作成：筆者）

難民がいるか確認するために、航空機が毎日のようにコンゴ北東部を低空飛行した。その度に我々は「航空機が私たちを見つけてくれた」と喜んでいたが、パイロットは近視だったようで、我々難民を一人も目撃しなかったという。最新の機能がついている航空機が何万人の人々が集まっているところを見逃すはずがない。次第に、ルワンダ難民を支持する国連決議に反対するアメリカに不信感を抱くようになった。

完全に見捨てられたルワンダ難民たち。ビアトリス氏の「国際社会は嫌い」の言葉の重みが再度わかることだろう。

前頁の表は、RPFが犯した重大な人権侵害を言及した国連専門家グループ、国連機関、NGOと判事の報告書や起訴状をまとめたものである。

一九九〇年代以降二〇年間、国連などがRPFなどによる人権侵害を非難し、その度にRPFはその主張を否定するということが繰り返された。大国の政治的意思が完全に欠乏していたせいで、難民危機が現在も続いているのだ。

†国際刑事裁判所もルワンダ政府を防護

このような操作された情報を察知し、正義感を持って闘ってきた弁護士が数名いる。しかし、RPFと強力な同盟国である米英の圧力があったために、彼らは解雇されてしまった。

まずオーストラリア人でICTR弁護士のマイケル・ホリガン氏（故人）の宣誓供述書によると、一九九七年当時のICTRのルイーズ・アルブール検察官長や他のICTR職員は、大統領機撃墜の調査がICTRの任務外であると表明したことは一度もなかった。それどころか、本撃墜は国際的なテロの行為であり、また大湖地域の大殺戮の背景を理解するために、この大統領機の撃墜と虐殺の原因追及がカギとなること、そしてその調査がICTRの任務の範囲に入ることは明らかであった。

一九九七年初期に、RPFの前・現要員三名がICTRのルワンダ・チームに、大統領機の撃墜はカガメ氏と他の幹部が直接関わったことを詳細に伝えた。それに加えて、RPFは、セシダションガ元内務大臣を含む、注目度の高いルワンダの亡命者を暗殺する隠密作戦に積極的に関わっているとも話した。

その情報を得て、ホリガン氏はハーグにいたアルブール検察官長に電話で伝えたところ、やっと意義深い進展が見られると興奮した様子でいろいろ聞いてきたと言う。密告者と現地職員の安全対策に関して懸念を抱き、国外に脱出するように合意した。

その数日後、ホリガン氏は情報をすべて持参してアルブール検察官長の事務所を訪れた際に、同検察官長の態度は一八〇度変わり、ICTRの任務とは、大統領機の撃墜後に起きた虐殺のみに限定していると断言したのだ。ICTRの任務は一九九四年一月一日から一二月三一日までに起きた出来事と明記されているにもかかわらずである。おそらく上から調査をやめるようにという命令が下りたのだろう。もしこの時点で、ICTRが調査を本格的に行っていたら、それ以降起きた難民の暗殺やコンゴの「虐殺」も予防できたかもしれない。

次に二〇一〇年、アメリカ人のICTR被告側弁護士のピーター・アーリンダー氏は、野党党首のビクトワール・インガビレ氏の弁護のためキガリに着いた翌日に、「虐殺を否定した」という理由で不法に逮捕された。その三週間後に健康上の理由から釈放されたが、この逮捕でルワンダの政情への関心が国際社会で高まった。アーリンダー氏は数年、ルワンダ政府の虐殺説に同意せず、カガメ大統領と彼を擁護しているアメリカ政府を厳しく批判してきた。氏の逮捕後、ICTRの弁護士は訴訟手続きをボイコットした。ICTR弁護士は逮捕の免除が国連からあるのにもかかわらず、ルワンダ政府は無視した。アーリンダー氏の逮捕中、彼は在ルワンダの米大使館から支援はなかったが、日本を含む世界中の市民運動のおかげで釈放された。

そして、あるタンザニア人のICTR弁護士は二〇一〇年、ルワンダには公平な裁判がないことを理由に、ある容疑者のルワンダへの転送計画を取りやめた。その後、同氏、そして同氏の甥と隣人が殺害された。

これらの事件から再確認されたことは、ルワンダ政府によるＩＣＴＲ弁護士への脅迫が続き、同弁護士にとってアフリカには安全保障がないことだ。実際に、それが原因で、仕事が全うできなかったＩＣＴＲ弁護士が何人かいる。

結局、ＩＣＴＲによって裁かれたのは、フツという戦争に負けた側の人々のみだ。その一方で、ＲＰＦの幹部は一人もＩＣＴＲによって訴追されていない。実はＩＣＴＲのカーラ・デル・ポンテ元検察官長は二〇〇二年、ＲＰＦの容疑者を初めて起訴する準備をしていたが、やはり米英の圧力により、国連安保理によって検察官長が取り換えられた。デル・ポンテ氏の後任者は、ＲＰＦの容疑者の調査を断念している。

そのポンテ氏が「（ルワンダ虐殺の）歴史を書き換える必要があるかもしれない」と述べたほど、大統領撃墜と虐殺は密接に関係しており、また大事件である。このように裏工作がかなりあるため、ＩＣＴＲやフランス等の裁判所で参考人が真実を証言することはほとんど不可能だ。たとえ証言ができたとしても、ニセの証言が非常に多い。

†難民問題よりもルワンダ反政府勢力に注目

前述のように、フツの「虐殺首謀者」などが中心となり結成したルワンダ反政府勢力（ＦＤＬＲ）は二〇年間以上、コンゴ東部に拠点を置いている。ルワンダ政府と国連などはＦＤＬＲ

が大湖地域に与える安全保障の危険性を強調し、ルワンダ政府とアメリカ政府はFDLRを「テロリスト集団」と呼んでいる。FDLRが着眼されすぎたために、RPFの本当の「敵」であるルワンダ難民の問題がFDLRの裏に隠れてしまった。これがRPFの意図した戦略だったと言えるだろう。

二〇〇九年、FDLRによる安全保障上の理由を掲げたルワンダ政府軍はコンゴ東部に越境し、コンゴ政府軍との対FDLRの合同掃討作戦の指揮をとった。それ以降、コンゴ政府軍は国連PKOから支援されながら掃討作戦を数回展開しているが、弱体化されながらもFDLRは現在も健在である。確かに、FDLRは税金の徴収、性的暴力や略奪を通して、コンゴ東部の住民に対して脅威を与えてきた。しかしFDLRはルワンダ本土への攻撃を停止した二〇〇二年以降、RPFにしってもはや脅威ではない。そのため、ルワンダ軍がコンゴ東部に侵入する安全保障上の理由は特になかった。

実はRPFはコンゴ東部の天然資源を確保するために、単にFDLRの存在を口実に使っていたのである。それは、FDLR戦闘員の左記の証言でも明白だ。

ルワンダ政府軍とはこの二年間戦っていない。我々同様、彼らも戦争疲れしていると思う。ルワンダ政府軍は我々を追跡するためにコンゴにいるのではない。そのふりをしているだけだ。ルワンダ政府軍が金やコルタン（携帯電話、ノートパソコン、ゲーム機、デジカメ、ビデオカメラなどの電化製品に欠かせないレアメタル）の採掘をし、住民から略奪しているのを目撃した。彼らがコンゴにいる理由はそれだ。ルワンダ軍政府は空に向けて発砲し、村民の家を急襲しているが、以前のように我々を攻撃することはない。もし運がよくて、ルワンダ政府軍に兄貴（同胞）がいれば、食糧や弾薬がもらえることもある。（UNSC, 2002）

ルワンダ政府軍とFDLRは一見戦闘しているように見えるが、政治的に味方ではなくても、経済的サバイバルや利権のために、相互の存在を活用しあっている「協力関係」にあるのだ。

このFDLRの問題は大変センシティブで、誰も公の場でルワンダ政府に話そうとしない。ところが二〇一三年、タンザニアのジャカヤ・キクウェテ大統領はカガメ大統領にFDLRとの対話を助言し、同国のバーナード・メンベ外務大臣はFDLRを「自由の戦士」と呼んだ。すると、カガメ大統領はその提言を拒否し、「全く馬鹿げたこと」「お前をひっぱたいてやる！」と感情的になった。ルワンダの外務大臣と防衛大臣も、キクウェテ大統領を「虐殺とテロリストのシンパ」「二流のリーダー」とさんざん非難した。そのせいで、タンザニアとルワンダ間で緊張感が漂ったが、キクウェテ大統領は「真実を語っただけだから謝罪する必要はない」と言い張った。国連の態度とかなり違うことがわかる。

ここまで書いたことを整理して、二点について再考したい。

まず一九九四年にルワンダで起きた事件が虐殺ではなく、また大統領機撃墜がカガメ大統領らRPFによって計画されたとすれば（それに関する証言がいくつかあるため、その説は強い）、「虐殺首謀者」や「FDLR」とは一体何者なのだろうか。一般的に、旧フツ政権の過激派とその民兵「インテレハムウェ」が虐殺に関与したと言われる。彼らは虐殺後にコンゴ東部に越境し、数年後に彼らが中心にある反政府勢力を結成し、その数年後にFDLRと命名した。

このような背景から「FDLR＝虐殺首謀者」として認識され、FDLRはルワンダ政府とアメリカ政府から「テロリスト集団」と呼ばれている。しかし実は、大半のFDLR要員は一九九四年以降、コンゴ東部の難民キャンプでリクルートされた二〇〜三〇歳の若者や、コンゴの「虐殺」等の生存者や孤児で構成されている。そのため、FDLR要員の中で実際にルワンダの虐殺に関わった人はほんの少数派で、「虐殺集団」でも「テロリスト集団」でもなく、ほとんど架空の集団なのである。

架空であろうとなかろうと、FDLRはRPFにとってまさに「役立つ敵」だ。それは、RPFが、「FDLRの存在は安全保障の種」という口実を繰り返し強調してきたおかげで、コンゴ東部への侵略・支配、資源の搾取と在コンゴ東部のバニャムレンゲの保護に従事でき、そして、「国際社会」がルワンダ難民という本筋の問題から注意が逸らされた。

二点目に、一九八〇年代から一九九〇年代のウィンター氏の動き、虐殺中にカガメ氏が意図していた政権奪取、RPFによるPKO増員の妨害、そして大統領機撃墜の調査や他の人権侵害の追及に対する米英による妨害を見ると、以下のようなことが言える。それは、フランス寄りの政府を除外しアフリカにアメリカ寄りの政府を築くために、またコンゴ東部の資源を確保するために、一九五九年のルワンダ難民（主にツチ）が利用され、そして虐殺という手段が意図的にとられた可能性があるということだ。

ルワンダ難民の問題解決を長年十分模索しなかったUNHCRをはじめとする「国際社会」、そしてRPF政権誕生後、何百万人もの難民・避難民、そして死者を生んだカガメ大統領を支援してきたアメリカ政府らの責任が問われなければならないと改めて強く感じる。

第五章
難民問題の恒久的解決
——母国への帰還と難民認定の終了

コンゴ東部からルワンダに強制送還された帰還民(1996年、筆者撮影)

1　帰還の意味

†帰還という微妙な問題

シャール・オナナ氏という、在フランスのカメルーン人の調査ジャーナリストがいる。氏は難民でも移民でもないが、自著 *Ces Tueurs Tutsi: Au coeur de la tragédie congolaise*（『ツチの殺人者たち――コンゴの悲劇の中で』二〇〇九）に、母国への帰国（帰還）に関してこう記されている。

ヨーロッパでは時おり理解しがたいことがある。アフリカ出身の人たちはなぜ母国を離れなくてはならないのか、またヨーロッパ諸国に留学後、なぜ母国に帰国しないのかと問われるが、質問される側は傷つく……。移民に関する政治的な議論に操作され、アフリカの移民がヨーロッパにとって脅威であると納得するヨーロッパ人に対して、現実は違うことをどのようにわかりやすく説明すればいいのだろうか。優秀なアフリカ人の若者はアフリカ諸国では障害物であり、母国で昇進することが妨げられている。このような事実を、相手側を傷つけることなく、どのように伝えればいいのだろうか。

日本人の中にも、アフリカ諸国の事情を知らずに在日アフリカ出身の人に対して、「なぜ帰国して、母国のために尽くさないのですか？　国はあなたを必要としているでしょう」という質問をする場面に何度か遭遇したことがある。

アフリカ諸国出身の私の友人は難民ではないが、政治的な理由上、母国に帰還できないという意味では「難民のような状況」にいる。その友人が他人から右記の質問をされる時ほど、顔の表情がひきつることはない。愛する故郷に帰りたくても帰ることができないつらさ。故郷にいる両親や兄弟姉妹とも会えないまま、異国の日本で一生暮らし、骨までうずめるのかと将来を心配していることだろう。その質問をした日本人は相手を傷つける意図がなかったにしても、事情を知らなかっただけに、結果的にはそうさせてしまった。同様な質問は、二〇一一年の福島第一原発のメルトダウン後に、福島から県外に移転を強いられた被災者にも当てはまる。そのような人々に、「なぜ帰らないのですか？」と聞くことが本人をどれだけ傷つけることか。

第四章で、ルワンダ現政権（ＲＰＦ）が関与したであろうルワンダとコンゴの虐殺と他の重罪、そして難民の暗殺について描写したが、多くのルワンダ難民はこれらを目撃したために、ＲＰＦへの恐怖心が強く、母国への帰還を拒否している。他方で、過去の残虐行為がなかったかのように、UNHCRは終了条項の適用を通して、ルワンダ難民に帰還を促進し続けている。

本章ではルワンダ難民の事例を使いながら帰還の意味と終了条項について検証したい。

†帰還の歴史

UNHCRが言う、難民問題の三つの「正式な」恒久的解決策（庇護国統合、第三国定住と出身国への帰還）の中で、一九九〇年代以降、帰還（repatriation）が一番理想であると言われている。この用語の由来は、patria（祖国、古くは天国）である。祖国が故郷というイメージがあるが、その一方で「故郷とは自分でつくるもの」という見解もあり、必ずしも祖国である必要はない。とにかく故郷がどこであろうと、多くの人間は故郷の懐かしい想いを抱いている。

しかし故郷へのノスタルジーと実際の帰還とは、全く別々の問題だ。たとえ故郷が「平和」になったとしても、難民全員が故郷に帰還することは期待できない。難民の中には母国の国名を聞いたとたんにトラウマになる人もおり、特に自分の家族や愛する者が殺害された場合、故郷が home sweet home（我が家が一番）どころか、「地獄」である場合がある。そのような故郷に果たして帰りたいと思うだろうか。帰国できないつらさを想像しなくてはならない。

誰がどのような理由で帰還を進め、そして帰還がなぜ政治的な問題なのかを理解する前に、まず帰還の歴史を遡ってみよう。

第二次世界大戦後の一九四五年、ヨーロッパで大量の難民が帰還し、翌年二月の国連決議で、難民や避難民がなるべく早急に故郷に帰還できるようにと言及された。しかし一九四七年から一九七〇年代まで、自主的帰還（後述）が必ずしも難民の解決策に結びつかなかった。それは、イスラエル国家とシオニストが聖書の祖国への帰還権利を要求し、同時にパレスチナ人も難民キャンプからの帰還を要求したために、難民の帰還が大変センシティブな問題へと発展したからだ。米ソがそれぞれ帰還に反対の立場をとったために、膠着状態となった。

そのような背景もあり、一九五〇年代と一九六〇年代は、一九六二年の二〇万人のアルジェリア難民の帰還を除いて、難民の帰還ではなく、庇護国への社会統合か第三国定住が促進された。一九七〇年代に入ってから、戦争が終焉した国々（少なくとも一時的に）では大量帰還が世界各地で起きた。それらの国々は、ナイジェリア、バングラデシュ、スーダン、アンゴラ、モザンビーク、ギニア・ビサウ、コンゴ、カンボジアとジンバブエである。その結果、自主的帰還が国際社会のアジェンダに挙がるようになった。

一九八〇年代後半以降、ＵＮＨＣＲは自主的帰還の促進に力点を置くようになった。それは、難民の性質が共産主義から南の国へと変わり、西の国が難民を政治的に受け入れる必要性も意思もなくなったからだ。それに加えて、難民をできるだけ一人でも多く、一日でも早く母国に戻すという政策によって拠出国の金銭的負担が大いに軽減できる。難民受入国の一人当たりの国民総生産より、難民にかかる費用の方が高く、帰還は他の解決策やキャンプ生活に比べると安上がりだ。

世界の難民の中でも、難民期間が最長なパレスチナ難民はまさにそうだ。UNRWAが一九四九年に設立した時から二〇〇〇年代まで、UNRWAは難民一人当たり二万五〇〇〇米ドルを費やしたことになる（ただしパレスチナ難民の場合、強制的にそのような状況を築くことで人口［難民］支配することが目的であるため、高額のコストは問題外である）。

UNHCRは冷戦後の政治に難民は制約されないという理由から、一九九〇年代は帰還の一〇年になると発表した。緒方高等弁務官が就任した一九九一年、執行委員会でUNHCRの目標は「自主的帰還であり、すべての機会を追及する。ほとんどの難民が密集した、その場しのぎのキャンプで監禁され、それは避難した時よりも悲惨な状況であるが、庇護国での権利だけでなく、祖国への帰還する権利が与えられ、認められなければならない」と公言した。難民が苦しんでいる悲惨な状況を改善する代わりに、難民に故郷に帰るように推奨したことになる。

†自主的帰還と自発的帰還の違い

母国に帰還することは大きな決断である。難民生活が長ければ長いほど、余計にそうだ。出身地に帰ったら、自分たちは温かく迎えられるのか。「離反者」「反愛国者」などと差別されないか。国外に逃亡した際に置いてきた家や畑は赤の他人に占領されているのか。家族や親戚は母国で無事に暮らしているのか。学校は機能しているのかなどなど。その問いを一つ一つ確認しなければならない。

帰還とは帰路の問題だけではない。帰路の途中で地雷はない、武装グループはいない、出入国管理事務所で嫌がらせを受けないなどの「その時限りの」問題だけではなく、帰国後、安全面や人権はどれくらい保障されているのかに注意しなければならない。

ここで二種類の帰還の違いについて説明しよう。

まず自主的帰還（voluntary repatriation）とは、UNHCRや出身国政府などが事前に母国での安全面などを調査・確認し、難民の健康状態などが考慮された上で、UNHCRが太鼓判を押して促進するものだ。母国に帰る際に何か問題に直面したのか、難民が無事に故郷に着いたのか、そして生存しているのか。受入国で帰還民のモニタリングのシステムがなければ、そのような基礎情報は不明なまま、自主的帰還を進めることになる。UNHCRは自主的帰還を推進しながらも、それに関する研究を十分にしてこなかった。

その一方で自発的帰還（spontaneous repatriation）とは、難民自身が帰還したいと決めたら、UNHCRの支援を待たずにするものだ。実際に、世界の難民の九〇%がこれまで自発的に帰還してきたとも言われている。難民が母国政府の役人を十分に信頼していない中、UNHCR

と政府の下で公式なルートを通って帰還するのは難民にとって危険だ。それよりも、不法に入国した方が安全な場合がある。

難民らは出身地の村や町の様子を見るために時おり、故郷に越境したり、自身のネットワークや新着難民などを通して現地で起きている情報をある程度把握している。そのため、難民の母国語を話さず現地の事情を十分に知らない外国人職員よりも、当然、難民の方が自国の情報収集力が優れている。その情報を基に、難民は自分たちできちんと計画を立てて帰還するので、難民の観点からすると「自主的帰還」である。しかしUNHCR側からすると、難民がUNHCRや政府に「告知」せずに「勝手に」帰る場合は「自発的帰還」となる。この帰還というプロセスで、難民自身の主体性がいかに軽視、あるいは無視されているかがわかるだろう。

†和平合意だけで帰還できるか?

いつ、どのように、そして誰が帰還のタイミングを決めるべきなのか、二点考えてみたい。

第一に、一般的に紛争「後」を示すものとして、政府と反政府勢力といった「敵」同士が結ぶ和平合意があり、それに難民帰還の計画も含まれている。なので和平合意が調印されると、帰還に向けた準備が少しずつ開始する。典型的な例が、二〇〇五年に南スーダンで行われた南北包括和平合意(CPA)の調印であり、難民と避難民の帰還のために、日本政府は日本のN

GOを現地で活動するように強く勧めた。また、国際協力機構（JICA）は（難民と避難民の帰還も含む）平和構築支援を実施する前提条件の一つに、紛争当事者間の停戦合意、あるいは和平合意の締結と書いてある。

とにかくさまざまな国際機関が和平合意を重視しているが、「和平合意＝和平回復」と単純に認識してはならない。世界銀行（二〇一一年）によると、一九四五〜二〇〇九年に起きた一〇三カ国における内戦のうち、五七％が再燃している。リベリアでは、西アメリカ諸国経済共同監視団（ECOMOG）によって一九九〇〜九五年の間に和平合意が一四回調印された。これだけ調印されると和平合意の意味がなくなる。

和平合意が崩れる理由は、肝心の紛争の原因（つまり難民発生の原因）、特に司法（人権問題を含む）、経済（天然資源の搾取など）について触れることはほとんどなく、たとえ言及されても、実施されることはほぼ皆無だ。例えば、コンゴやブルンジでは過去に真実と和解委員会を設定する合意があったが、結局その計画はなくなった。特に、コンゴのように資源大国における和平合意というのは、「政治家、政府軍や武装勢力のための権力（土地や資源）分担の合意」を意味し、軍事統合・警察統合、暫定政府の構成を重視しがちだ。

一九九三年のルワンダの和平合意のように、調印された半年後に和平どころか、虐殺という正反対の結果が起きた。当然、和平合意と虐殺間に因果関係があったとは言えないが、カガメ氏の元側近いわく、氏には和平合意に調印する意思がもともと欠けていたことも留意すべきである。このようなことから、和平合意はしばしば“peace of paper”（和平合意書）というより、単なる“piece of paper”（紙切れ）と理解した方がよい。和平合意を調印した数時間後に停戦を破ることはよく起きるが、合意は契約でないため停戦を破っても罰されることはないのだ。

第二に、和平の仲介役は中立的な第三者でなければならないにもかかわらず、完全に中立性に欠けている場合がある。

ここではコンゴの和平交渉を仲介した南アとウガンダの例を見てみる。米英などの大国の代行をしている南アは、アパルトヘイト後の一九九〇年代以降、仲裁役としてコンゴ、スーダン、コートジボワールやレソトなどの紛争地域に介入し、またPKOも派兵してきた。その一方で、アフリカ大陸において唯一の主要な武器製造国である南アは、自国の同盟国であってもなくても武器を売却し、紛争解決と武器輸出という矛盾した政策を有している。

その上、南アは仲裁役を果たしながら、停戦・和平合意の裏工作をした。第二次コンゴ戦争中の一九九九年にルサカ停戦合意が締結されたが、これはアメリカにとって都合の悪いL・カビラ大統領の権力を弱めるための法的な「落とし穴」であり[4]、実際にアメリカの指示に従って南ア政府が同停戦合意の下書きをした。また二〇〇二年のコンゴとルワンダの和平交渉の際に、南アのタボ・ムベキ大統領（当時）は、ルワンダ政府からの承認を得るために和平合意の原案を送っただけではなく、「ルワンダの安全保障を重視するために、交渉を操作しようと試みた」のである。

ウガンダのムセヴェニ大統領は大湖地域国際会議の議長として、二〇一二～一三年に、コンゴ政府と「コンゴ」反政府勢力（M23）間の和平協定の仲介に携わった。しかし実は、ウガンダはルワンダと協力しながらM23を創設し、また指令もしていたのである。ここでも、同じ国や人物が紛争当事者と仲介役という矛盾した役割を果たしたのだ。このように和平合意や交渉が操作されているために、難民の帰還を即、期待してはならないことは言うまでもない。

では和平交渉に期待できなければ、難民は何を決め手として帰還を決心するのだろうか。個人差はあるものの、ルワンダの例でいえば、ツチ、フツという民族・社会集団間に限らず、政治的見解を含む異なった意見を話せる自由があり、自分の家で安心して眠ることができる時に平和を実感できると言う。もっと具体的な話をすると、多くのルワンダ難民は毒殺に恐怖感を抱いているあまり、外食をせずに家庭料理に徹底しているのだが、安心して外食ができるようになれば、帰国を検討してもいいと語る人がいた。

なので、具体的な帰還の決め手となるものは特にないが、政府や社会への信頼は絶対的で、それを得るのに年数がかなりかかり、それは和平合意の調印と無関係である。

†難民不在の三者会議

帰還を決定する場として、出身国政府、受入国政府とUNHCRの三者で構成される三者会議がある。帰還などの問題について議論する場であるが、その会議には、一番の主役であるはずの難民が「招待」されていない、というより出席が「許可」されていないのだ。

それに気づいたのは、私が二〇〇二年にアンゴラ、コンゴとUNHCR間の三者会議に初めて出席した時のことだ。アンゴラの反政府勢力（UNITA）リーダーが殺害されたとたんに、同国の情勢が急速に改善し、アンゴラ難民の帰還の話が進んだ。私は二〇〇二から二〇〇三年に、同国難民の帰還の立案を担当したため三者会議に数回出席したが、難民がいない場で彼らの人生に決定することに違和感を抱いた。それに関して、信頼していた上司に聞いたところ、「これが三者会議のやり方なんだ（だから仕方ないだろう）」という答えだけが返ってきた。

また私は二〇〇八年に、ルワンダ、コンゴ政府とUNHCRの三者会議に参加したことがある。在ルワンダの「コンゴ難民」の国籍は長年不明であり、在コンゴのルワンダ難民の中にRPFの「敵」である「虐殺首謀者」のFDLRが混在しているために、難民問題は両国にとって大変センシティブで、なかなか議論が進まなかった。

一九八〇年代以降、著名な開発学研究者であるロバート・チェンバース氏の影響もあって、支援される側の「参加型開発」が開発業界でキーワードになった。しかし難民の参加は、難民キャンプ内の活動——例えば、女性の委員会、緑化活動での参加など——と大変限定されており、難民の人生や命にとって重要な決定権を持つ三者会議への参加は許可されていない。三者会議の事前に、UNHCRは難民に形式上「相談」「懇談」することになっているが、彼らの意見がどれだけ決定事項に反映されているのか疑問だ。そもそも「懇談」という大変受け身な形で、難民が「参加」すること自体が不当である。

また第一章で説明したように、難民にとって多くの場合、自国政府は「敵」にあたる。難民はその出身国政府に加えて、受入国政府とUNHCRに対しても不信感を抱くことが多い。その三者が難民の代行として、難民の適切な解決策を探ることができるのだろうか。そう考えると、そもそも三者会議自体が必要なのかという疑問も生まれる。

2　なぜUNHCRが強制帰還を？

†過去の強制帰還の事例とその方法

難民の中には、外国で歓迎されない「お客さん」として差別されながら長く滞在するより、あるいは受入国の状況が悪化する中で生活するよりも、母国で貧困と危険を冒す方がましだと考えて帰還する人がいる。例えば一九八〇年半ばまでのスーダンは、アメリカ政府の三番目の援助受益国だった。しかし一九八九年にオマル・アル＝バシール氏が大統領に就き、イスラミスト（イスラム主義運動）の影響が強化したとたんに、欧米諸国の態度が変わり、援助額が減少した。その結果、難民キャンプの状況が悪化した。それに絶望した多くの難民は選択肢がないまま、そして帰還したいという願いがないまま、主にエリトリアに帰還した。

これを「強制帰還」と定義づけることができるだろうが、本節ではUNHCRが強制する帰還に限定して言及したい。強制帰還とは難民がどのような状況にあろうと――病人であろうと妊婦であろうと――、全員が強制的に移動しなければならないことを意味する。

難民個人が自分の意思で帰還する場合、多少のリスクを負っても当然UNHCRは責任をとることはできない。しかし、難民保護の任務を有するUNHCRは同様なリスクを難民に負わせてはならず、母国の人権状況が改善されない限り、当然難民への帰還を推奨できない。でなければ、強制送還することとほぼ同じ行為になってしまう。

UNHCRにとって肝心なのは、帰還の権利よりもまず危険な母国や他の国々に強制送還や追放されないことで、これこそ「ノン・ルフールマン原則」の基本である。UNHCRの創設目的も強制送還を禁止するためだが、UNHCRは時おり直接的、あるいは間接的にその矛盾した行為である強制帰還に関与してきた。

難民が帰還する意思が全くないのに、政治的な理由から出身国と受入国政府が難民の帰還を強制してきた事例は過去にいくつかある。

例えば一九八〇年代初期、在ジブチのエチオピア難民四万人のほとんどは帰還する意思がなかったが、UNHCRはジブチとエチオピア政府とともに帰還を促進した。難民に対して帰還に関する「相談」、あるいは「告知」は事前になかったとのことだ。それだけでも問題なのに、政府とUNHCRは一五日間という短期間に帰還計画を立案したために、難民の間で混乱が起きた。キャンプ内で治安部隊が活動を強化し、食糧の割り当て量が減量され、その結果、壊血病や脚気という病気が増加した。強制送還よりも、溺死、あるいは「湾岸戦争のイラクに戦闘員として志願した方がまし」といった意見もあったぐらいだった。それほど、難民は母国エチオピアにおける徴兵、所有物の徴発や土地改革という政策に反感を抱いていたのである。

ジブチ政府によってエチオピアに関するニセ情報が流れていたにもかかわらず、同政府が強制送還した際に、UNHCRはほとんど何の反応も示さなかった。帰還を拒否した者は逮捕されたり、警察や軍隊から嫌がらせを受けた。UNHCRの上級職員もキャンプへのアクセスが認められず、本帰還は完全に失敗に終わった。しかし四年後に、難民は諦めてしぶしぶ帰還し始めたという。さんざん嫌がらせを受けた後に、難民の士気が低くなり、「ほとんど何の希望もない外国よりも、母国で貧困生活を送る方がまし」と思った難民も少なくなかったようだ。

それでは、帰還しない難民に対して、UNHCRや受入国政府は一般的にどのように帰還を強制させるのか。受入国政府が難民に強制帰還を間接的に促進したい場合、難民の人権を制限し始めることが多い。その制限方法とは、食糧配給の減量、耕作用の土地の取り上げ（難民キャンプ内の難民小屋周辺にあるホームガーデンのみが許可される）と、学校の支援中止がパターン化しているようだ。

特に食糧配給の減量に関しては、私自身、国連のある会議で数回聞いたことがあり、過去の帰還でも何度も実現されてきた。例えば一九九五年、アフガニスタンの難民キャンプからタジキスタン難民を「追放」するために、その方法がとられた。UNHCRの「言い訳」によると、難民数が正確でなかったために、減量することで難民数を調節したとのことだ。同様なことは一九七八年、バングラデシュからビルマ難民の帰還の際にも起きたが、その時、バングラデシュ政府が食糧配給を減量した。UNHCRによると、「政治的な武器として食糧を使用したことに、疑問を抱いた国連機関長は誰もいなかった」とのことだ。難民による耕作の禁止も重要な方法で、一九七〇年代後半に在バングラデシュのビルマ難民、一九八〇年代に在ジブチのエチオピア難民、そして現在のルワンダ難民と、それぞれの強制帰還の際にも行われた。

一九九二〜九六年に、UNHCRは、バングラデシュから二〇万人以上のイスラム系ビルマ難民が「自主的」帰還を、「成功例」として大きく取り上げた。しかし帰還の終焉前の一九九六年に、ビルマ難民が再びバングラデシュに戻った。それは、一九九一年と一九九二年に起きた、ビルマ軍による虐待から逃れるためである。難民出身国で人権侵害が続いたにもかかわらず、UNHCRはそれを黙認しながら帰還を促進したことになる。UNHCRはこれらの新着難民を貧困から逃れた「経済移民」だと認識したので、何ともあきれてしまう。

実はビルマへの帰還の裏には、あるUNHCR職員の思惑があったようだ。その職員は「自分が（難関な）帰還を促進したんだ」と自分のキャリアを磨くことを考えていたらしいが、もしそうであれば、まさに前述のように難民をキャリアの道具として使用したことになる。

前述のように一九七八〜七九年にも、二〇万人の難民がバングラデシュからビルマに帰還したが、この際も強制的だと言われたにもかかわらず、「成功例」としてUNHCRの歴史に残っている。帰還が開始した時、絶対に帰還したくないと拒否した難民が多かった。しかし一九七九年に入って、突然多くの難民が帰還すると言い出した。その理由は、キャンプ内の悪化した生活状況と食糧配給の削減だった。食糧が不十分すぎて、それが死因となったケースもある。

その他、難民を帰還させる手段として、学校の支援を中止することもある。一九九四〜九六年にコンゴ政府はUNHCRの同意を受けて、難民キャンプで長期的な案件に関わらなかったのは、難民を早急に帰還させたかったからである。UNHCRの懸念事は、学校が旧政府軍や民兵のリクルートの場となることであった。その懸念もわかるが、子供や若者が放置されると、ギャング、暴力、性行為などに走る傾向が強いため、何かの工夫ができたはずだ。

時おり、出身国政府と受入国政府の二者で難民の強制帰還を行う場合もある。例えば、インド政府はスリランカのタミル難民を帰還させたが、その方法とは、恣意的な逮捕、給料支払いや食糧配給の取り消し、「自発的」帰還のフォームの強制的な署名（英語で記載されているため、難民がその読解力があったかどうかは不明）、あるいは小屋の破壊である。

†一九九〇年代に増加した強制帰還

以下、一九九六年に起きたコンゴとタンザニアからのルワンダ難民の強制帰還について明記するが、実は、同年だけでも世界二〇カ国以上で難民の強制帰還が起き、それはすべての帰還のうちの三〇％を占める。一九九四年の同統計では六％だったため、増加していることになる。なぜこのような強制帰還が行われたのか。

一九九〇年代に入って、世界各地で難民危機が増える中で、UNHCRは難民保護という任務と地政学的なダイノミックスの間で挟まれていた。難民保護とノン・ルフールマン原則は時おり、政治的、そして安全保障の優先順位とともに衝突することがあり、人道支援者は難しい選択肢を強いられた。コンゴやタンザニアからの強制帰還（あるいは強制避難、または追放）に関して、「受入国からの圧力や難民支援の資金不足のため、帰還の押し付けが必要になった」とＵＮＨＣＲの国際保護局長が認めた。その結果、一部の難民が保護を享受できなくなった。だからこそ、緒方高等弁務官が一九九七年四月に主張したように、ＵＮＨＣＲは「最悪事態からましな（the least worse）」選択肢を追跡することになった。言い換えると、「帰還」とは「戦争状態にある国にも強制帰還させる」ことも含まれるようになったのである。しかし、そのような国や地域にどうやって難民を帰還させることができるのだろうか。

　一九九六〜九七年に、私が実際に目撃したコンゴとタンザニアからのルワンダ難民の強制帰還は、ＵＮＨＣＲの歴史の中でも大失敗で悪評な事例として残っている。あまりにも衝撃的で、二〇年経った今でもそれが目に焼き付いている。

「はじめに」で言及した帰還に関する反省すべき点は二点ある。一点目は、私は当時、ルワンダの政治的文脈をよく理解しておらず、また特に強い関心も持っていなかったことだ。前述のキベホ避難民キャンプでの殺戮や、国連やＮＧＯ職員の殺害事件は知っていたが、マクロな見地からの政情、特にＲＰＦが侵した人権侵害に関しては十分に理解していなかった。そのために、難民が抱えていた帰還の恐怖を知る余地もなかった。難民にとって帰還とは、単なる「生きるか死ぬか」という問題ではなく、最悪の場合、「死ぬか死ぬか」を意味する。彼らは、難民キャンプにいても、またルワンダに帰還しても殺される可能性があったが、後述のようにその可能性は母国ルワンダの方が高かった。

二点目は、私は帰還を長期的なプロセスではなく、単なる移動と認識していたことである。私も同僚も、帰還した後どうなるかということを深く考えていなかった。今振り返ると、帰還を巡る複雑な状況を理解していなかったことは大変恐ろしく、難民の人生や命を左右したかと思うと重い責任を感じる。強制帰還を推し進めた結果、多数の難民が命を落としたのだから、UNHCRの幹部は処罰されるべきではないだろうか。

†コンゴからのルワンダ難民の強制帰還・避難

前述のように、ルワンダの虐殺中・後に、大量の市民（主にフツ）が周辺国に難民化したが、特にコンゴには、多くの「虐殺首謀者」が難民に紛れて難民キャンプに住み込んでいた。その多くはルワンダ政権を奪取したばかりのRPFにとって脅威であった。RPFはその首謀者集団を掃討するためにもコンゴ東部に侵攻を計画していたが、ルワンダ人だけでコンゴ東部に入ると目立つ。そのため、ルワンダ、そして同国と強い連携を維持してきたウガンダは、L・カビラ氏というコンゴ人とAFDLという「コンゴ反政府勢力」の代理人を巻き込んだ。

当時のコンゴ政府軍によると、コンゴ東部に侵攻したルワンダ政府軍とウガンダ政府軍は、難民用に保存されたWFPの食糧支援のおかげで「仕事」（キャンプの襲撃と難民の殺戮）を進めることができたという。またコンゴ政府軍の目撃者によると、難民キャンプ内にあった倉庫に、食糧と共に武器が積まれていたという。ルワンダ政府軍がコンゴ東部への侵攻を準備していたために、倉庫を使用したのだろうか。人道支援団体が管理する倉庫にどうやって武器が保管されたのか不明だが、UNHCR、あるいはNGOがルワンダ政府軍などとグルになって活動していると難民から疑われても仕方ないだろう。

ルワンダ政府軍とAFDLは一九九六年一〇月六日、最初にコンゴ東部・南キブ州のレメラ病院を襲撃した後に、一〇月下旬にウヴィラとブカブにあったブルンジとルワンダ難民キャンプを次から次へと襲撃した。ルワンダ政府軍らはそのまま北上し、一一月初めにゴマ周辺の難民キャンプも襲撃した。その間、ルワンダに強制的に帰還した（正確には「避難を強いられた」）難民もいたが、帰還を拒否した難民の集団は、ルワンダ政府軍から逃亡するためにさらに北上し、そのままコンゴの北西へと逃亡した。その後、コンゴの第三都市キサンガニ近郊のジャングル地域からさらに隣国のコンゴ共和国やガボンなどに向かった。その全距離は一〇〇〇キロ以上で、ほとんどを徒歩でさまよったことになる。

ルワンダ政府軍とAFDLは難民の後を追跡したが、AFDLは特にルワンダ難民を掃討する動機はなく、ルワンダ難民の殺戮を行ったのは主にルワンダ政府軍である。この際に国連マッピング・レポートが明記した「虐殺」が発生し、MSFによると、当時ルワンダ政府軍から逃亡していたルワンダ難民約二二万人のほとんどが殺戮されたと推測している。

ルワンダ政府軍による「虐殺」以外にも、難民は残虐な光景を目撃した。

例えば、UNHCRはキサンガニ付近にあったその場しのぎの難民キャンプから、難民を貨物列車に詰めて空港近郊まで輸送し、そこからルワンダまで難民を空輸した。天井がない貨物列車の中で難民が立ち上がって列車から外を見ないように、ルワンダ政府軍から命令されたという。その理由は、鉄道の線路沿いに大量のルワンダ難民やコンゴ市民の死体が放置されたために、それを難民に目撃してほしくなかったのだ。

またキサンガニからさらに西部に逃げ、隣国コンゴ共和国を越えてガボンに避難したルワンダ難民は約二〇〇〇人いた。到着した際に夏休み中だったこともあり、現地の学校で寝泊まりしていた。そこで、毎日朝から晩までガボン政府軍から横になるように命令され、諦めて立ち上がった人にのみ飲み水と食料が渡され、即帰還させられた。しかもガボン政府は当初、ルワンダ難民にガボン国内で移動すると説明したにもかかわらず、難民が飛行機に乗りこんだとたんに、目的地をルワンダの首都キガリに変更した。機内では難民が犯罪者であるかのように手錠をかけられ、難民の横にはUNHCR職員と武装したルワンダ政府軍が付き添っていた。

その他、コンゴからコンゴ共和国に逃亡した難民もいたが、そこで紛争が勃発したために一旦コンゴに戻ったとたんに、再び一九九八年にコンゴの戦争が再燃したので、そのまま南下し

ルワンダ難民とブルンジ難民の動き　1994-99年（『世界難民白書2000』時事通信社、2001年）

ザンビアに到着した人もいる。

この大混乱が始まったばかりの一九九六年一〇月に、難民にとって裏切りとされる声明がUNHCRから発表された。地元のラジオ局などを通じて繰り返し放送された緒方高等弁務官の声明に、「ルワンダとブルンジ難民が生き延びるために再び逃亡しなければならないことを深く悲しんでいる」「難民を助けるために、行政と協力しながら、私たちができることは何でもする」という内容が含まれ、「ルワンダへの帰還を検討してほしい」とも説得した。

当時の緒方高等弁務官にとって、コンゴよりルワンダの方がましだったと判断したために、この声明が精一杯だったのだろう。しかし、UNHCRは難民キャンプを襲撃したRPFに対して、非難の声明を発表していない。それをすると、ルワンダ政府と今後協力ができなくなるかもしれないと懸念したのだろう。これはUNHCRに限らず、国連全体でも当てはまることだ。

しかしその声明を聞いたルワンダ難民は、UNHCRがRPF側にいることを再確認し、UNHCRの信用を完全に失った。それは、UNHCRが、帰還民がRPFによって殺戮されていることを知りながらも、ルワンダに帰還すべきという立場を変えなかったからだ。そのため、前出のルワンダ難民・ンダチャイセンガ氏はUNHCRを「目の敵」と呼んだ。難民は国際機関の同情ではなく、RPFによる残虐行為を止めてほしいと願っていたのだ。

†UNHCRがタンザニアからの強制帰還を促進

このコンゴからの悪夢の強制帰還（避難）の後に、さらに悪いことに、今度はUNHCRが強制帰還に直接関与した。一九九六年一二月六日にUNHCRはタンザニア政府とともに、「今や安全に帰還ができる」と断定し、ルワンダ難民を一カ月間以内に強制帰還（あるいは追放）させることに同意した。しかも、UNHCRは本帰還のためにタンザニア政府に、機器費や人事費として一五〇〇万米ドル以上の資金を提供したのである。

UNHCRが強制帰還に関与した理由は、コンゴでの難民キャンプの襲撃がタンザニアでも起きうる可能性が予期されること、そして難民キャンプに滞在している「虐殺首謀者」がタンザニア国内の安全保障に悪影響を及ぼしているからだった。しかし、コンゴと違ってタンザニアは安全であったため、本来は国外追放する必要はなかった。よって、UNHCRとタンザニア政府は事実上、ノン・ルフールマンの原則（追放及び送還の禁止）を破ったことになる。

難民の中には、帰還を拒み、難民キャンプからルワンダの国境と反対方向――つまりタンザニア東部――へと逃亡した難民が三万五〇〇〇人以上いた。ルワンダでの確実な死より、タンザニアで死の可能性に直面する方がましだというのが難民の言い分である。その集団脱出が起きた翌日、重武装したタンザニア軍が道路にバリケードを張り、脱出中の難民二〇万人がUターンし、道を引き返すはめになった。その一方で、「難民の帰還作戦」という名の作戦が正式に開始され、その後の一二月一四日に、ルワンダ難民が「無事に」越境して母国に帰還し始めた。軍事作戦ならまだしも、一般的に難民の帰還にこのような名前が付けられることは大変珍しく、それだけ軍隊が本帰還に介入したことを意味する。

タンザニアからの「大量難民・帰還民の大行進」の際、私はルワンダ側で、心身ともに弱っていた大勢の帰還民に会った。UNHCRは国境先から出身地まで輸送するためにトラックやバスなどを用意したが、その車輛の数は帰還民数についていけず、ほとんどの帰還民は徒歩を強いられた。体力が弱っている人のみUNHCRの車輛に乗せることがあったが、私は自分が運転する車の後方部に帰還民を乗せたとたんに、それまで経験したことがないぐらいの体臭が一気に漂った。帰還民らは強制帰還のせいで、数日間、あるいは数週間行水する機会も余裕もなかったのだ。急いで車の窓を全部開けてやっと一呼吸ができたが、無辜の帰還民がこのような最悪の健康・衛生状態にいたことを悔しく思った。

帰還民の弱者の中には、移動中の路上やトラックの上で出産する臨月の妊婦もいた。帰還民を輸送したトラックが出発時と目的地に着いた時の乗車人数の間に差異があり、同僚が確認したところ移動中に出産が確認されたという。本来、このようなことはUNHCRが企画する帰還の場合、あってはならないことだ。アムネスティ・インターナショナル（以下、アムネステイ）やＨＲＷなどから、帰還の政策やその方法について強い批判を受けたのは当たり前である。

このコンゴとタンザニアからの強制帰還・避難・追放は大混乱を招き、結局、一九九五年から促進されてきた自発的帰還とともに失敗に終わった。帰還自体が一時的で、恒久的な解決策につながらなかったのだ。帰還を拒否してコンゴとタンザニアから周辺国などへ逃げ、その途中で命を落としたり精神的なダメージを受けた難民も多数いた。と同時に、ルワンダに帰還した元難民の中にも、再び周辺国に逃亡して難民化した人も多数いた。

そしてなんと、この強制帰還の大失敗から約一〇年後の二〇〇九年に、今度は「難民の地位終了条項」という形で、ＵＮＨＣＲは難民の強制送還を試み始めた。前述の緒方高等弁務官の「ＵＮＨＣＲは何でもする」という約束は、実は広範囲にわたっていることを現在、理解されたのである。ＵＮＨＣＲは過去の教訓を忘れたのか、あるいは無関係なものとして無視しているのだろうか。

なぜＵＮＨＣＲはルワンダ難民に終了条項を適用したのか？　そして、なぜ難民が頑固に帰還を拒絶し続けているのかを問う必要がある。

3　ルワンダ難民の地位の終了条項の論点

†難民地位の終了条項とは？

和平合意とは関係なく、難民発生の主な原因である紛争が終われば、難民が出身国に帰還し、難民が自然にいなくなると考えがちだ。が、時間をかけて出身国の成り行きを見守ってから帰還を決める人がいたり、さまざまな理由から絶対に帰還したくない人もいる。

庇護国での国際的な保護を必要としなくなり、自国政府から保護を享受できるようになった時に、難民の地位が正式に喪失することを難民地位の終了条項（cessation clause of status of refugee）と呼ぶ。この終了条項に関する日本語の論文がほぼ皆無であるために、日本では本条項について一般に知られていない。簡潔に言うと、難民は「出身国の人権状況がよくなったために、難民でいる必要性がなくなった。よって国際的な保護はもう不要なので、これまでの支援はもう提供せず、母国に帰還するか、あるいは帰化するか選択をするように」という決断を迫られるのだ。

難民条約の箇条一Cに明記されている「難民の地位終了」条項によると、本条項の適用のために、三つの基本的な前提条件がある。それは、難民出身国の変化の本質が基本的で、かつ恒久的であること、そして単なる恐怖感がなくなるというより、保護が回復されている状況にいることを指す。終了条項ガイドラインでの強調点は、その適用が「不安定な状況への帰還を強制されるべきではない。将来難民の動きを危険にさらすような……新たな不安定をもたらすべきではない」ということだ。

終了条項に関して一九八〇年代中頃まで十分に議論も研究もされず、同時期に、難民の解決法が庇護国における社会統合や第三国定住から帰還に徐々に転換してから、注目を浴びるようになった。では、これまでどのような国々で、どんな理由で、終了条項が適用されてきたのか。冷戦終焉後の一九九〇年代初期に、ポーランド、チェコスロバキアとハンガリーなどでは、政権交代と民主化が進んだために適用された。それ以前に、世界で最初に本条約が適用された国は一九七三年のスーダンで、その理由は内戦終結である。同じく一九七〇年代にモザンビークやアンゴラが独立し、また二〇〇二年にエリトリア（前述）の内戦が落ち着いたことから、それらの国々で本条約が適用された。だが、その後もアンゴラを除いて、現在まで紛争や不安定化が続いている。このように、現状を十分に分析しないまま、あるいは将来の紛争の可能性を十分に検証しないまま、適用が早すぎたために、元難民が再び難民になりうることはある。

一九九二年のＵＮＨＣＲ執行委員会の終了条項に関する決議によると、同条項を適用する前に「国家は、一般的な人権状況と迫害の恐怖となる原因を含む、難民出身国の変化の基本的な特徴について注意して調査せねばならない。それは、難民地位の終了が認められたという正当性について、客観的、かつ真に確保するためである」と言及している。そして迫害への十分に理由のある恐怖がある難民には、終了条項は適用しないと強調している。

難民はいくつかの国家と好ましくない関係にあることをすでに言及したが、そんな国家に、受入国であれ、拠出国であれ、難民に関する調査が客観的に実施できるのだろうか。実は、難民が安全に帰還できるのか調査する目的で、受入国政府がルワンダを訪問したことはない。ザンビア政府は訪問したものの、それは単なる公式訪問であった。たとえ受入国政府が調査をして、出身国政府による人権状況に関して批判しても、前述のようにルワンダ政府は「調査の方法が間違っている」「偏見を持っている」と拒否とバッシングをすることだろう。そもそも外交上、また内政干渉の観点から、受入国政府が出身国政府の状況を判断するのは不可能だ。

UNHCR本部・アフリカ部の上級法務官によると、徹底的な分析の結果、難民が発生する状況はもう存在しないという。そうなら、UNHCRやルワンダ政府などは何を根拠に、どのような基準で、難民が安全、かつ尊厳を持って帰還できると判断したのか、そしてルワンダ難民の意見をどこまで反映したのか、その詳細の分析を共有してほしいと私はお願いした。ところが、それ以上の返答はなかった。UNHCRのルワンダの本質的な変化に関する調査・評価は公表されておらず、そもそものような調査が実施されたのかも不明だ。透明性が完全に欠けているため、難民は納得せず、当然、帰還する意思もない。

†なぜルワンダ難民に終了条項を適用？

一九九六年以降、ルワンダ政府はUNHCRに同国難民の終了条項の適用を申請してきた。UNHCRは長年それが不適切だと判断していたが、ついに二〇〇九年、ルワンダ難民に終了条項を適用すると公表した。本終了条項はもともと二〇一一年一二月三一日に適用する予定だったが、最終的に二〇一三年六月三〇日に延期された。厳密には、難民の大量移動があった一九五九年から一九九八年一二月末まで難民になった人のみに終了条項が適用され、一九九九年以降、個人レベルで亡命した人には適用されない。

このルワンダ難民の終了条項の適用は、政治的に微妙である。二〇一一年頃、グテレス高等弁務官の来日中、私が高等弁務官に歩み寄って「ルワンダ難民の終了条項が懸念を寄せています。その政策を考え直していただきたいのですが……」と私が言った瞬間に高等弁務官は険しい表情になり、「あれには誤解がたくさんあってね！」とすぐに逃げられてしまった。それまで私は元UNHCR職員として、グテレス高等弁務官の来日レセプションに毎回招待されていたが、それ以来招待されなくなった。バーバラ氏いわく私が痛いところを突いたからなのだが、どうやらルワンダ難民の問題はUNHCRにとってタブーらしい。

一九八〇年代以降、さまざまな難民の研究やUNHCRへの政策提言をしてきたバーバラ氏にとっても、ルワンダ難民の終了条項の適用の問題は、最も異論があるケースだと言う。その論争点は、第四章で前述したRPF政権が難民を国外で追跡し、暗殺している可能性がある点、そしてルワンダ難民がサバイバルのために国籍を偽装している点以外に、以下のように五つに大別できる。

①終了条項の適用が現状と矛盾し、ルワンダ国内は基本的変化を果たしたどころかますます悪化し、難民が安心して帰還できないこと。②ルワンダ政府は難民を信頼できず、難民を支配し帰還させたいために、さまざまな戦略を使って難民を追跡していること。③国際人権団体もルワンダ国内の人権侵害に関しては批判しているものの、ルワンダ難民の人権や終了条項に関しては黙認していること。④UNHCR内でも、また難民受入国の間でも難民の帰還について異論があり、合意がないこと。⑤一九九八年の線引きの意味が不明であること。

これらの点を一つずつ説明したい。

†ルワンダ現政権による人権侵害

第一に、ルワンダが基本的変化を遂げたことについて、UNHCRいわく、一九九九年以降、早急に「プラスな変化」をもたらし、その例として、憲法の採用、選挙の実施とガチャチャ裁判（問題を解決するためにコミュニティが集まる場）を挙げた。しかし選挙もガチャチャ裁判も不正で透明性に欠けていることは、EU選挙監視団やHRWなどによって報告されている。市民的及び政治的権利以外に、前述のように、野党、ジャーナリストと反体制活動家などの生命の権利も、ルワンダ国内外で侵害された。

最も論争の的となっているのが、二〇〇八年に採択された「虐殺イデオロギー」法である。この法は、RPFを非難する、内戦や虐殺中ツチだけでなくフツも被害者であったことを示唆する、あるいはRPFを戦争犯罪人として裁判を求めることを犯罪と認定したことによって、RPF批判の封じ込めを合法化したものだ。この法の採択でRPFの戦争犯罪人を保護できるようになったが、UNHCRはそれについて一切触れていない。RPFが本法律を導入したのは、以下の理由からである。虐殺が起きた理由として、植民地による亀裂、旧政権の悪いリーダーシップ、反ツチのイデオロギー、過激派の政党とヘイトスピーチが挙げられるため、「虐殺の予防」という名目上、多党制、表現や報道の自由などを厳しく抑制する必要があるという。

実は、虐殺の犠牲者の大半はツチではなく、フツであった可能性が高いという議論がある。それはミシガン大学の研究者、クリスティアン・ダヴェンポート氏とアラン・スタム氏の現地調査の結果、判明したことだが、ただ調査が終了しないうちに国外追放されてしまったために、学術雑誌に掲載できるほどのデータを収集できなかったと聞いている。

その議論はともあれ、虐殺の犠牲者の中にフツが多いことは確かだ。しかしフツが「自分の家族がツチによって殺害された」と口にしたり、一九九四年に起きた行為は虐殺ではなく、「内戦の延長戦」であったと主張すれば、虐殺を否定したという罪で逮捕されてしまう。フツの子供も、父親や親戚が関与したとされる虐殺の罪に関して、ツチの子供に謝罪せねばならない。イブカという虐殺サバイバーの遺族会があるが、それはツチの遺族だけが入会できて支援を受けることができる。このような待遇の違いによって、ツチはますます優越感、そしてフツは劣等感、不安と恐怖に駆られ、ツチから常に差別される。世界唯一ルワンダにしかないこの法律は、不明瞭で国際人権法に適しないために、国際人権団体から非難を浴びている。

このような政策をとるRPFに恐怖を抱くのはフツだけでなく、カガメ大統領の旧戦友のツチもそうだ。前出のルダシングワ氏（元在米ルワンダ大使）の以下の言葉が証明している。

「（一九九〇～九四年の）内戦の時より現在の方が恐怖心が強まった」

同氏は内戦中RPFの事務局長だった時、アディスアベバで在エチオピアのルワンダ大使館員（つまりRPFの「敵」）と面会したが、特に恐怖心は抱かなかったという。難民の定義に含まれている「恐怖」が、まさに現難民の間で強まっているのだ。その恐怖は主観的なものだけではなく、重大な人権侵害からわかるように客観的なものとの両方の要素を含む。

確かに一九八〇年後半以降のハビャリマナ旧政権にとって、当時のツチ難民は脅威の存在だった。それは旧政権を打倒したいと望んでいた当時のRPFが、実際にウガンダのNRMに協力してオボテ政権を打倒したことで十分な軍事力を有していることが証明されたからだ。しかし、RPF現政権が現在しているように、ルワンダ旧政権は難民やRPF要員（元難民）を暗殺することは一切なかった。

ここまで第一章で説明した難民が有する主観的な恐怖と客観的な恐怖について言及したが、RPFも、RPFに敵対心を持つ難民を恐れている。そのため、難民は出身国ルワンダへの訪問の際に、RPFに非常に厳しく監視されているのだ。この訪問は、難民に母国の様子を自分の目で確認し、帰還を促進するためにUNHCRや各国政府によって企画されているものだが、ルワンダの場合、かなり賛否両論がある。

ある訪問で、UNHCRと受入国政府が付き添って、難民一五名がルワンダに六日間行ったときのこと。難民いわく、難民がルワンダの領土に到着したとたんに、携帯電話やカメラといった所有物はすべて預けられ、ある宿泊所にはスパイらしき人が一緒に宿泊していた。平和のイベントが開催された首都キガリや都市しか訪問できず、地方にある難民の出身地や刑務所への訪問は許可されなかった。このような監視体制で、難民が帰還したいと望むはずがない。この訪問は二〇〇四年以降行われなくなったが、その後もUNHCR抜きで非公式な形で続けられているようだ。

以上これらの理由から、ルワンダが基本的で、全面的、かつ恒久的な変化を成し遂げたと結論づけることは到底できない。特に国内外におけるRPFによる重大な人権侵害を目撃した難民はRPFに恐怖感を抱いているため、RPF政権が続く限り、帰還を望むことはないだろう。

†ルワンダ政府による難民の追跡戦略

第二に、ルワンダ政府（RPF）が難民を追跡していることについてだが、RPFは右記の訪問などの企画を通じて難民に「母国に帰っておいで」と積極的に呼びかけているものの、難民は長年、帰還を拒否してきた。

実際に二〇〇七年、アフリカ某国の難民キャンプからUNHCR主導の帰還――つまり、UNHCRが帰還者の登録をし、帰還用のトラックを用意し、UNHCR職員がルワンダ側で出迎える――でルワンダに戻った難民の話を聞いた。その難民は弟と一緒に帰ったのだが、ルワンダに着いたとたんに旧ハビャリマナ政権時代の元知事の運転手をしていた弟が行方不明になり、多くの帰還民は投獄された。そのため、その二カ月後に、その難民は他の難民と一緒に再びウガンダに戻った。難民によると、このような帰還民の失踪は頻繁にあるそうだ。

RPFはこのような証言を否定しているが、それはともかく、難民が帰還しない事態はRP

Fとしても大変決まり悪く、RPFのイメージに悪影響を及ぼす。なので、RPFは新しい方法で難民の帰還を「促進」している。その三つの方法を紹介しよう。

①ルワンダ大使館からの脅迫電話

ルワンダ大使館による難民への脅迫は以前から使用されてきた方法だが、難民によると終了条項が適用された後に悪化している。アフリカ某国の難民キャンプに住む難民のリーダーによると、ルワンダ大使館から脅迫の電話がよくかかってくるとのこと。以下は、ある難民が記録した電話のやりとりである。

大使館の一等書記官「まだ難民キャンプに住んでいるのか？　仕事をあげるから、首都に来ないか」

難民「私が難民で、あなたが政府役人という立場なのに（つまり二者は「敵」関係）、なぜ私に仕事を与えることができるのか。あなたは私を殺したいのか？」

一等書記官「あなたを殺そうと思ったら、いつでもできるよ」

この恐ろしいやりとりの後に、その難民は地元の警察に報告しようとしたが不在だったため、難民受入国の難民局の信頼できる幹部に伝えたところ、地元の政府関係者に報告するように言われた。そのためキャンプの難民局代表者に伝えたところ、彼はこう答えた。

「心配することはない。仕事を引き受ければいい。ルワンダ政府の代行としてスパイしたら、ルワンダ政府のためにもいい。あなたも金が必要でしょうし」

という驚くべき返事が返ってきたとのことだ。

そのキャンプの政府代表者はルワンダ政府・大使館と親しく、右記の一等書記官に、「この難民はオピニオンリーダーで、難民からの信頼もある。他の難民に影響を与えることができる」と話した。一等書記官はその政府代表者にその難民を首都まで連れてくるようにお願いしたため、その難民は前記の難民局の幹部に助けを求めた。その政府役人はキャンプ政府代表者を叱責し、それ以降、特に何の電話の脅迫もないが、当然難民リーダーとそのキャンプ政府代表者の間で緊張関係が続いている。

右の難民のリーダー以外の難民も、ルワンダ政府の関係者らしき人から数回電話を受け、在難民キャンプのルワンダ難民のリストを請求されたという。その後、その難民は携帯電話の番号を変更したが、どのようにその番号がリークされたのかわからないという。

②パスポート取得の強制

難民地位が終了すると、受入国での難民身分証明書の有効期限が切れる。そうすると難民は受入国で不法に滞在することになるため、別の身分証明書が必要になる。そこでRPFはルワンダ難民にルワンダのパスポートを申請させようとしている。ザンビアの場合、ルワンダ難民が現地で定住を希望する場合、パスポート取得が条件となり、ザンビアの法律でもそれが新たに要求されるようになった。ザンビアの住民票、あるいは他の許可書とともに、ルワンダのパスポートがなければ、現地で逮捕されたり強制送還されてしまう。難民によると、ザンビアで数名の難民がパスポート申請したとのことだが、それはルワンダ外交官などの偽装難民であり、政治的なポーズにすぎない。

ウガンダでは、RPFがルワンダ難民に難民地位を放棄してルワンダのパスポートを申請し、そして他の難民にもそうするように説得している。それが成功した場合、四万ドル（日本円で約四〇〇〇万円）の報酬が用意されているとのことだ。これは、主に無職の難民にとって大金の褒美である（ただし国連報告書に記載されているように、多くのルワンダ人や「コンゴ難民」はこの報酬の約束で繰り返し騙されたために、現実に支払われたのか、あるいはもともと支払う意図がなかったのか不明である）。

一般の日本人や平和な国の出身者は深く考えることはないと思うが、パスポート申請とは、自分がパスポート発行国を母国として認め、発行国に帰還したければできるという意味を有する。つまりルワンダ難民にとって、ルワンダが帰還できる安全な国であることを認め、同政府を信頼していることを証明し、同政府の監視と支配に置かれることになる。

それだけではない。パスポート申請書にはルワンダにいる家族や親戚の名前の記入欄があり、彼らまでが監視されることになる。またルワンダのパスポートにチップスが挿入されていれば——IT立国を目指している同国では、その可能性は高い——在外大使館を通して、ルワンダ人を監視することが可能である。出身国政府が嫌で逃亡したのに、その政府が発行するパスポートを申請させるとは、大変矛盾した政策だ。しかもUNHCRもそれを強制していると聞いているので、余計に理解しがたい。

③潜入して分断

多くのルワンダ難民と話して気づくのは、「潜入(infiltrate)」と「分断して統治」が他の軍隊同様にRPFの戦術となっているらしいことだ。それはルワンダ難民がいる学校、難民委員会、難民学生協会、教会、職場、そして家族内と、どこでも使用されてきた。

潜入の政策は、一九八七年にRPFが創設されて以来、ビジネス・セクターやルワンダの政党で使用された。一九九四~九六年、RPFはフツの高校生などを雇って偽装難民や孤児としてコンゴ東部の難民キャンプに潜入させ、難民を殺害、レイプ、焼き討ちした。現在、難民が

難民と避難民の多くは、教会と神しか頼るものはない。コンゴ東部の避難民キャンプにて讃美歌を歌う避難民（2008年、写真提供：千葉康由）

大勢いる国において、RPFは、教会、難民委員会や学生などの難民リーダーに現金を払って、難民の名前、住所とコンピューター番号（学生の場合）を提供するように説得し、その後、難民の間を分断させている。その事例の一部を紹介しよう。

第三国定住計画を予定していたある難民の家族では、妻がRPF要員から脅迫されたのか、あるいは賄賂が払われたのか不明だが、いきなり夫に離婚を申し出て、子供と一緒に家出した。

ある難民男性が経営する店でRPF要員が雇用（＝潜入）された後に、同要員が商店用の車を壊したと言われ、同要員は他の従業員を引き連れて新しく店を開業した。その難民男性は、以前ルワンダの計画省に勤めていたルワンダ人女性に自分の愛人にならないかとアプローチされ、その難民男性の現地人メイドは、そのルワンダ人女性に難民男性がどのような料理を好むのかと質問されたという。

その他、二〇一五年以降、RPFは教会を使ってパスポート取得と帰還を説得（洗脳）している。前述のように、ほとんどの難民はUNHCRと受入国政府に依存しておらず、神と教会のみに頼っている。多くのフツの難民はハビャリマナ旧政権時代につくられたある宗派の教会に通っているのだが、RPFはそこに目を付けたらしく、その教会を乗っとり、ツチやツチ寄りのフツを神父として雇用した。

ルワンダ難民やある調査ジャーナリストによると、RPFは政府機関、国連やNGOに潜入し、フツ難民、あるいは元RPF幹部の亡命者を攻撃するように仕掛けているとのことだ。第四章で述べたように、ブルンジ人のUNHCR職員とRPF関係者が協力しあって（つまりRPFがUNHCRに潜入）、ルワンダ難民を殺傷するデマを拡散させた。そのため、ルワンダ難民はUNHCRのような難民保護・支援担当の国際機関にアプローチすること自体、情報がリークされるため危険であることもわかっている。特に難民いわく、ウガンダの首都カンパラにある難民関係機関――政府機関、UNHCR、国際赤十字、NGO――で働く受付全員が、ツチ系ウガンダ人かルワンダ人であるため、難民はますます同機関へのアクセスを拒んでいるのだ。

†国際人権団体の黙認

第三に、アムネスティやHRWが、終了条項について黙認し続けていることだ。

アムネスティ米国支部の幹部は、「ルワンダとの関係が重要だから」RPFを批判できないという。アムネスティは二〇一一年、ウガンダでの調査を下に、終了条項に関する覚書を公表した。おそらく同団体はルワンダの安全性に警鐘を鳴らし、終了条項に前のめりになっているUNHCRの姿勢を批判したもののように思われる。しかしその覚書の口調は、ウガンダ政府にルワンダの状況を評価するように催促し、大変外交的なものだった。難民の滞在を許可しているのはウガンダ政府なので法的にはそのようなことにならざるを得ないのだが、ルワンダとウガンダの両国は強力な同盟国であるのに、そのような政府に対して、公平な評価をお願いすること自体、無茶なことである。

それ以上に問題視されているのがHRWであり、一九九〇年代以降、RPF・ツチをえこひいきしていることは、ルワンダ難民の間でも、またルワンダ難民の課題に長年取り組んできた研究者やジャーナリストなどの間でも知られている。近年、元RPF（ツチ）が難民化し、亡命先で暗殺の対象となっているため、HRWはRPFへの批判がより厳しくなったように表面上見える。しかし、HRWはまだ組織的に対フツへの偏見が残っているようで、RPFに遠慮しているからか、終了条項に関するコメントを一切避けていると聞いている。実際に私がルワンダ担当者に面会して聞いたところ、「知らない」の一言で済ませた。そのはずはない。国際人権団体としてこのような態度で済ませてよいのだろうか。

HRW職員によると、「ルワンダ難民の中に虐殺首謀者が含まれている可能性があるため、終了条項の適用に反対できない」というのが公式な理由らしい。ほとんどの難民は無辜の文民であり、虐殺首謀者は数%以下しかいないため、それは単なる口実だ。

ルワンダの研究者でもあったHRWのアリソン・デ・フォージ氏（故人）は、一九九九年に*Leave None to Tell the Story*という一二〇〇ページという長さの報告書を公表した。それには、フツによる対ツチの罪も、RPFによる対フツの罪も触れているが、その長さも表現方法も全然違うのだ。旧フツ政権による罪に関する文章は圧倒的に長く、RPF（ツチ）による罪のそれは短い。また表現では、例えば、虐殺中、ツチによる一〇〇〇人単位のフツの殺戮を一行であっさりと説明したり、RPFによる対フツの罪を「フツに対する民族的な動機を有する罪」ではなく、単なる「市民の罪」や「一般的な暴力」という表現で済ませている。背景に詳しくない読者であれば、RPFの罪が旧政府による罪に比べると重要ではないのかと勘違いするだろう。私も最初それに注意しなかったが、仲間に指摘されて気づいた。

RPFによる対フツの罪がどれだけ軽視されているのかについて、デ・フォージ氏以外のH

RWの報告書からもわかる。その一部を抜粋してみよう。

> HRWはブタレ（ルワンダ南西部）でRPF軍による悪評の高い殺害を調査した。……RPF軍の勝利以降、（一九九四年）六月二七〜二八日の夜に、ブタレで逮捕された六〇数名の殺害を調査した。……逮捕された後に……学校に連行され、そこで死刑に処せられた。その犠牲者の中には、……旧政府の反対派であり、市民社会の著名なメンバーの家族一八名も含まれていた。この殺害は、政治的な重要なリーダーを傷つけ脅迫するという意図的な攻撃というより、通行人に対する一般化した暴力のようであった。（傍点は筆者が追加。Human Rights Watch, 1994）

「意図的な攻撃ではない通行人に対する一般化した暴力」という当たり障りのない表現に関して、もしそうだとしても、どのようにその結論に至ったのかをきちんと説明すべきだ。虐殺の最中に、通り魔のような事件が起きたと言うのだろうか。

†議論分裂、一九九八年の分け目

第四に、滑稽なことに、受入国政府の間でもUNHCR内でも、終了条項の適用に関する議論が分裂していることだ。UNHCRベルギー事務所は、「ヨーロッパ諸国はルワンダを安全な国として認定していない」と主張した。ルワンダ難民の暗殺（未遂）事件が続いた南アも、ルワンダが基本的な変化を成し遂げたと納得していないという。そもそも受入国によって、ルワンダの帰還に関する見解、つまり同国内の安定レベルが異なることも論理的ではない。

そのような意見があるにもかかわらず、なぜUNHCR本部は終了条項に走ったのか。あるUNHCR職員によると、一九五九年以降ウガンダに亡命したルワンダ難民と一九七〇～八〇年代に学校を共にしたウガンダ人のUNHCRの幹部が、RPF高官から圧力をかけられたのか、あるいは自ら終了条項に合意したのかもしれないとのことだ。

第五に、ルワンダ難民の終了条項が一九五九～九八年に逃亡した難民だけに適用することに関して、一九九九年以降、逃亡した難民はそのまま国外に居続けてよいことを意味する。一九九八年一二月三一日という終了条項の締切日が設けられた理由に、一九九八年まで虐殺や殺戮などを理由に大量移動があり、それ以降は政治的な背景から個人ベースの亡命があると言われる。しかし現実には、虐殺が発生したからではなく、RPF政権の政治的体制を恐れて国外に亡命する人が絶えないのだ。

そもそも難民条約によると、迫害を受けるという「十分に理由のある恐怖」によって難民となるため、大量移動であろうと個人単位の移動であろうと無関係だ。そして前述のように、その恐怖に主観性と客観性の両方が含まれている。また難民は繰り返し移動しているために、簡単に一九九八年で線引きはできない。実際に一九九八年以降に逃亡した難民も、その前に避難した人同様に、RPF、受入国政府とUNHCRによって直接的、間接的に帰還させられるはめになっているため、この線引きは無意味である。

†終了条項に対する難民の反応

二〇〇九年に終了条項の適用が発表され、二〇一三年六月以降、難民受入国の数カ国でそれが適用された。その間、難民はどのように反応したのだろうか。

二〇〇九年以前ですら、在ウガンダのルワンダ難民は、地元政府、ルワンダ政府とUNHCRによって帰還するように、圧力がかけられていた。その圧力は、終了条項が発表された二〇〇九年以降より高まり、ウガンダ政府は二〇一〇年、難民定住地で食糧配給をすると見せかけて、集まったルワンダ難民一七〇〇人を強制的にトラックに押し込んで母国に帰還させたことがある。この方法は、一九九四〜九六年、在コンゴのルワンダ難民キャンプでも行われた。常にお腹をすかしている難民に対して援助を悪用するとは、何とも汚い方法だ。

同条項が適用された一年前には、ウガンダ政府はルワンダ難民の土地の権利を奪い、食糧の割り当て量を減少し、教育費の支払いストップという方法で、強制帰還を実施し始めた。それによって難民は自分たちが地元で歓迎されていないことを実感し、精神的な苦痛を覚えた。同条項の適用の反対を求めていた難民委員会のメンバーがスパイに拉致されるといった事件が続き、一部の難民は恐怖心で二カ月ほど自分の小屋ではなく、周辺の茂みで寝ていたという。

在ウガンダと在ザンビアのルワンダ難民はそれぞれ、グテレス難民高等弁務官と潘国連事務総長に申立書と手紙を提出した。その内容は、難民がルワンダ諜報によって暗殺・誘拐され、失踪している中、難民の地位を無効にすることを批判し、そしてツチとフツの双方による罪が認識され、賠償が支払われるまで、意味のある平和が実施されず、また難民地位が除去される条件も現時点で存在しないことを説明した。しかしそれに対して、国連から何の反応もない。

ちょうど難民の終了条項が発表された数カ月前に、ある五〇代の難民夫婦と子供たちはルワンダからウガンダに避難した。ウガンダの難民局事務所で登録した際に、本条項について知らされた。その夫婦は私にこの話をしてくれた際に、涙を浮かべながら大声で叫んだ。

「RPFが怖くて逃げたのに、終了条項が適用されるなんて、いったい私たちは何者なの？」

難民からすると、難民地位の終了条項とは、この世の中で自分の存在が否定されたことを意味するという。

その難民夫婦は、終了条項の適用によってこの世界から孤立したくない、自分を想う人がどこかにいてほしいと願っていたらしく、メール友達（ペンパル）を紹介してほしいとお願いされた。このようなリクエストは初めてだったが、知り合いの院生を紹介したところ、大変喜んでくれた。私へのメールにも、よく「○○（その院生の名前）がこんなことを書いてきたわ」と少し興奮ぎみに報告してくれる。終了条項の適用が難民にかなり心理的なダメージを与えたかと思うと、心が非常に痛む想いだ。終了条項によって、ルワンダ難民はますます恐怖心に包まれ、それが将来新たな暴力と避難に導くかもしれない。

ここまで読んで、そもそも難民地位の終了条項は本当に必要なのか再考せねばならない。前出のある「難民のような状況にいる人」に意見を聞いてみたところ、こう答えた。

「そんなの不要だ。だって帰還するかどうかは政府やUNHCRではなく、難民が決めることでしょう。母国が安定したかどうかは、難民本人が一番よくわかっている」

そして難民ら当事者は、

「もしルワンダが本当に安全であれば、誰も帰還を強いる必要はない。母国が安全であるかは我々が一番よく知っている。なぜ外部者が帰還するかどうかを決めないといけないのか」

と言っており、意味のない条項である。終了条項の適用は、場合によって、「望ましくない者」の強制帰還と同じ機能を有しているとも言える。まさに本条項の適用と強制送還によって、「難民をゼロにすること」が実現できるのだ。

第六章

人道支援団体の思惑とグローバルな構造

国連とNGOのロゴを持つ難民たち（タンザニアのルワンダ難民キャンプのクリスマスパーティーにて、1994年、筆者撮影）

1　人道支援の基本と身近な事例

†人道支援の目的とルール

「人道」（humanitarian）は本当に役に立つ用語だとつくづく思う。

そのように思い始めたのはいつ頃かわからないが、二〇〇〇年頃アフリカの某国で働いていた時、しばしば陸路で隣国に出張で行くと、入国管理局に「あなたの職業と肩書は？」と聞かれた。その度に、UNHCRの安全対策担当の同僚は必ず「人道担当」と答えるのが慣習となっていた。元軍人だったその同僚は肩書名を正直に言うと、諜報のために本国に来たのではないかと疑われる可能性があったので、話がややこしくなる前に、「人道」という用語でお茶を濁した方がいいと思ったようだ。

これは小さな例だが、「人道」という用語は時おりごまかしに効く。私を含め、多くの人々がこの用語に騙されてきたことだろう。

「人道」が悪用された最初の事例は、一八八四〜八五年のベルリン会議で西欧列強によるアフリカ分割がされた時だと思われる。同年から一九〇六年まで、ベルギー国王レオポルド二世がコンゴ自由国（現在のコンゴ）を私有地とした。一個人によって植民地化された国は、世界でもコンゴだけである。その間、象牙と天然ゴムの搾取政策のために、ベルギー国王がコンゴに一回も足を踏み入れたことがないまま、現地の人々を奴隷のように働かせた。強制労働に従わない者に対して、人々の腕を切り落とし、女性をレイプし、子供たちを誘拐し、計約一〇〇〇万人を殺害した。このような虐殺的な搾取を正当化するために、「人道プロジェクト」という名の下、文明化を促進したという。これが現在の「人道介入」の先駆者と言われ、旧宗主国は人道的な用語を使いながら軍事力を合理化してきた（Barnett & Weiss, 2011）。

その代表的な事例がルワンダ虐殺中のフランス軍の「人道介入」である。フランス軍はルワンダ人らの安全を確保し人命を救うという人道的目的のために国連から委任され、それを実行した一方で、旧政府軍や虐殺首謀者をコンゴに逃亡させたとも言われている。一九九四年以前のルワンダ旧政権と強力な同盟関係にあったフランスの軍隊は、後方基地があったコンゴ東部でルワンダ旧政府軍に食糧を配給したため、人道的目的にかなっているかどうかが疑問視された。フランスにはそれ以外に、ＲＰＦの内戦の勝利や英語圏国（ＲＰＦのほとんどのメンバーは英語圏のウガンダで育った）によるフランス語圏国への侵入を妨害する意図もあったと言われる。

その後も今日にかけて、「人道」が大国・拠出国、紛争国、そしていわゆる「テロ組織」（後述）によって利用・悪用され続けている。

本章で取り上げる人道支援の目的は、生命を維持し、苦しみを和らげ、個人の尊厳を守ることである。それは自然災害や人災発生直後の緊急事態への対応だけでなく、その後の救援や復興支援等も含まれることがある。その人道支援には do no harm（害を与えてはいけない）というルールがあり、その源はもともと医学界だと聞いている。病気になれば治療のために病院に行くが、その逆に病気を悪化させるために、また最悪の場合死ぬことを予期して、病院に行く人はいないはずだ。同様に、人道支援によって難民らの人命を救助したり、彼らの生活が改善されるべきだが、果たしてそれが達成されているのだろうか。

残念ながら、人道支援が助けになるどころか、難民の苦悩をより悪化させてしまう場合がある。それは、人道支援に隠れたアジェンダがあるからだ。この隠れたアジェンダの議論は、アレックス・デ・ワール氏、マーク・デゥフィールド氏やディビッド・キーン氏らの研究者や元実務家を中心にイギリスでは活発だが、日本ではほとんどされていない。本章では以下、人道支援の実情と目的について分析する。

†支援とギフトの違い

人道支援と聞くと、日常生活外で起きている大規模なイメージを浮かべるかもしれないので、まず導入として日本で起きた身近な事例から人道支援のことを考えたい。

二〇一〇年一二月以降、日本全国の児童福祉関連施設数カ所における連鎖的な寄付行為が「タイガーマスク運動」（その行為の多くが漫画「タイガーマスク」の主人公「伊達直人」など架空名義による匿名だったためそう呼ばれた）として知られ、大きな話題としてメディアで取り上げられた。そのとたんに、「日本も捨てたものではない」「素晴らしい行動」と称賛する声があがり美談として報道されていた。でも本当のところ、どうだったのだろうか。

実は「タイガーマスク運動」が始まった際に、ランドセル一〇個が寄贈された児童施設の最初のコメントは感激を表すものではなく、

「気持ちは嬉しいが、事前に相談してくださればよかったのに」

であった。この言葉は注目を浴びることはなかったが、私はUNHCRで援助物資を受け取り配布する側にいたため、経験上この気持ちが痛いほど理解できた。

支援の性質を理解する前に、馴染みのあるギフトと比較したい。一般的にギフトは家族や友人など既知の人に渡し、相手の好みを知った上で選ぶ。バレンタイン・チョコレートのように例外もあるが、相手から感謝されることがほとんどで、かつ相手からのお返しもあるため、ある程度相互に交換される。政府レベルのギフトとなると、中国政府やコンゴ政府が日本にパンダやオカピといった動物が贈られたことがあり、それは外交上の友情の印である。

その一方で、支援は知らない相手に送ることが多いため、相手のニーズを事前に十分調査を

する必要がある。しかし実際にそれをせずに、時には勝手な思い込みと安っぽい好意だけで、家にある資源ごみを片付けるかのように古着（時おりその下着まで送られる！）などを寄付することが多い。「とにかく（何でもいいので）送ればいい」と考えている寄付者や団体であれば、支援の内容が何であれ、相手に喜んでもらえる、感謝してくれると（勘違いして）自己満足する。その場合、相手のニーズに合った高い質の援助はできず、感謝されるどころか相手に迷惑をかけたり混乱をもたらすことがある。

　残念ながら、「タイガーマスク運動」のその後に関する報道がないため、寄付行為の結末はわからないが、それについて自分の経験をもとに想像してみた。ランドセルは食べ物と違って、人数分分けることができず、一人一個ずつしか配布されない。寄贈されたランドセル個数が児童の人数分ない場合、児童施設はどのように対応するのだろうか。寄贈のランドセルは新品であるため、新品をもらった子と中古品かもしれないランドセルを使い続ける子はそれぞれ優越感と劣等感を持ち始め、いじめの関係が形成されるかもしれない。そもそも児童施設は、ランドセルより布団が欲しかったかもしれない。あるいは最悪の場合、児童施設の職員はランドセルをこっそり売って、自分の小遣いにするかもしれない……と想像するときりがない。

　支援側は支援による害の可能性を知らないまま自己満足で終わってしまいがちだが、支援のリスクについて予測したり、事前に関係者に相談する必要がある。特に受け取る側が子供であれば、支援によって敏感な反応を示したり分断することも考えられる。これはあくまでも小さな事例だが、これと同様なことが難民の状況において起きているのだ。

†人道支援の活動とアクターの多様性

ここで現場の人道支援の活動内容とそれに関わっているアクターを紹介したいと思う。人道支援の内容というと、住居、食糧、医療、水等の緊急生活支援のイメージが強いが、その他、難民や避難民の登録、難民キャンプの設営・運営（学校、市場、教会、モスクや孤児院などの建設も時おり含まれる）と安全対策、援助物資の輸送、物資が収納された倉庫の管理、そしてメカニック、洋服仕立業、コンピューター・スキルといった職業訓練なども含まれる。また難民らが自宅から安全な場所に逃れる途中で、政府（軍）や反政府勢力に（性）暴力、略奪、拉致にあったり、家族がバラバラになることもあるため、援助団体は聞き取り調査をした上で、サバイバーのカウンセリング、家族の居場所の追跡、政府などとの交渉を行う。

一九九七年、コンゴ北部のティンギ・ティンギ難民キャンプで、一番必要とされていたサービスの一つが、難民の葬式と死体安置だった。死体は毛布に包まれ、葬式の調整をするチームに渡されたが、毛布は新品で質が高かったことから、埋葬する前に取り戻され、地元のコンゴ人に売られたという。毎日多数の人が亡くなったために、これが大きなビジネスに発展した。

その他、第三章に述べたように、難民や避難民全員がキャンプで生活せず、親戚の家や教会などに居候する人もいる。また、キャンプ外で不法に逮捕されたり、軍人に人質にされて身動きがとれない難民を適切に保護・支援するために、彼らの背景や受入地域に関する情報収集の一環として、人道支援団体は地方にモニタリングをする時もある。終戦直後の日本で、米軍が子供たちにチョコレートを支給した行為を人道支援だと解釈する人もいるが、とにかく人道支援の活動内容は多様性に富んでいる。

もともと冷戦中、赤十字国際委員会（ＩＣＲＣ）以外の人道支援団体は国連も含めて、紛争地で活動ができなかった。だが冷戦終結後、ソ連やアフリカの国家の崩壊で内戦が勃発するとともに紛争地へのアクセスが増えたため、その団体の規模、数と役割は急激に拡大した。と同時に、代理戦争があった冷戦中、大国からの資金援助に依存していた政府や反政府勢力は、冷戦終結後に大国からの援助が絶えたために、人道支援を含む財源から活動資金を求めるようになった。

人道支援者の態度や団体の評判によるが、前術のように、一般的に文民組織の援助関係者は「善良な人々」であるとして、現地のコミュニティに受け入れられている。また、「善行」なイメージが強い人道支援を通して、同団体は難民や市民から信頼を得られ、場合によっては一般の人がなかなか行けない紛争地の最前線まで足を踏み入れることができる。つまり、例外もあるが、「人道的（人命救出）」という看板を使えば、あらゆる所にアクセスできる可能性が高くなる。それによって、現地の市民は外国人の援助関係者に、現地の治安、人権侵害や人間関係に関する生の情報を提供してくれることもある（ただ注3のように、現地の人が政府にとって不都合な情報を国連・NGO職員らに提供する場合、殺害されるリスクがある）。なので、個人・団体差はあるが、人道援助団体は、現場に短期間しかいない外国人ジャーナリスト以上に、膨大な情報とネットワークを有していることになるのだ。これは重要なポイントなので後述する。

近年、人道支援は「競争率が過度に高い産業」に発展し、それに直接的、間接的に関わるアクターも、国連機関、現地や国際NGO（「一人NGO」も含めて）から、地元政府、EUといった地域機関、PKO、宗教団体、メディア、セレブ、そして民間企業——食糧、援助物資の製造、車輌、セキュリティ関連——まで多様化した。さまざまな援助産業の中で、援助を悪用して現地入りし、しかもビジネスするというケースがある。その例として、「難民の養子縁組」を紹介しよう。

二〇〇三年後半以降、チャドは、スーダンのダルフール出身の難民を多く受け入れ、その中に孤児も多くいたと言われる。その一方で、フランスでは養子縁組を希望していた家族が多いものの、国内には養子縁組に関する複雑なシステムがある。そこで二〇〇七年、フランスのNGO「ゾエの避難所」（Zoé's Ark）のホームページに、左記のようなセンセーショナルな見出しで緊急声明が公表された。

「子供らを救うために、今すぐに行動をとらないと！　でなければ、数カ月後に死んでしまう」

本NGOは養子を希望する家族から前払いをもらい、チャーター便でチャドに飛び、難民キャンプから孤児をかき集めた。ところが、そのNGO職員はチャドの養子法を無視したために、チャド政府に逮捕された。国連機関や赤十字が確認したところ、そのNGOは、子供たちに「もっと質の高いクリニックや学校に行かせる」と騙して連行したという。かつ拉致された子供たちは実は難民ではなく、地元のチャド人の子供たちで、しかも親は生存していたのである。

おそらくフランス政府が裏交渉したおかげで、その職員は解放されたが、問題は養子を受け入れる家族側だった。彼らは大金を前払い、孤児の養子を期待していたが、孤児がフランスに来なかっただけでなく、フランス当局の調査の結局、そのNGOが孤児を不法に入国させようとしていたことが判明した。

†なぜ安倍首相が人道支援にこだわったか

人道支援の奥深さについて理解を深めるために、ここでも身近な事件である、ＩＳＩＳ（いわゆるイスラム国）による邦人人質事件について触れたい。二〇一五年一月に起きた事件の際に、安倍首相が「人道支援（の拡充）」発言を繰り返したのだが、それはなぜだろうか。

背景を簡単に振り返ると、安倍首相が二〇一五年一月一七日、訪問先のエジプトでＩＳＩＳ対策として二億ドル（約二四〇億円）の拠出を発表した。その演説には、「イラク、シリアの難民・避難民支援、トルコ、レバノンへの支援をするのは、ＩＳＩＳがもたらす脅威を少しでも食い止めるため。地道な人材開発、インフラ整備を含め、ＩＳＩＳと闘う周辺各国に、総額で二億ドル程度、支援をお約束する」という文言が含まれ、「人道支援」は明言されなかった。

その三日後の一月二〇日、ＩＳＩＳが日本人二人を人質に取り、身代金の支払いを要求する動画を公開した。ＩＳＩＳの覆面の男が、日本政府の拠出金額の二億ドルについて「我々の女性や子供を殺し、イスラム教徒の家を破壊するため、またＩＳＩＳの拡大を防ぐためのもの」と述べ、二人の解放のために同額を要求した。その後二四日に湯川遥菜氏を殺害したとする画像を、それに続いて二月一日には後藤健二氏を殺害したとされる映像を公開した。

ところが、その動画の公開後の同日に安倍首相が行った、イスラエルのエルサレム市内での記者会見で、「難民支援を始め、非軍事的な分野で貢献を行う。二億ドルの支援は、地域で家をなくしたり、避難民を救うため、食料や医療サービスを提供するための人道支援。まさに、避難民にとって、最も必要とされている支援」と初めて人道支援が非軍事であることを主張した。そして一月二七日の衆議院本会議でも、ＩＳＩＳ対策として二億ドルの支援を表明したことに関連し、「テロリストの脅かしに屈すると周辺国への人道支援はできない」と強調した。

第三章で触れたように、人道支援が間接的に軍事化や「難民戦士」の誕生に貢献する可能性がある。なので、安倍首相の「非軍事的な」支援説は一〇〇％正確ではなく、人道支援が、ISISの前出の発言である「女性や子供を殺し……」は現実を十分に反映している。よって、安倍首相の演説がISISを掻き立てたのも当然である。

その後、後藤氏の殺害映像が二月一日に公開された際に、安倍首相は、「テロリストたちを決して許さない。その罪を償わせるために国際社会と連携する」と発言した後に、「食糧支援、医療支援といった人道支援をさらに拡充していく」と続けた。まるで、「人道支援を使って罪を償わせる」と解釈できるような言い方だ。[5] 本来、純粋な人道支援は、「罪を償わせる」ための手段、さながら「復讐」の手段にはなりえないが、それに関して深く問われなかった。

結局、安倍首相の発言の責任追及はされず、メディアでほとんど取り上げられなくなった。しかしここで再度問い直したい。なぜ、安倍政権がこれほど人道支援を繰り返し、またこだわったのだろうか。純粋に犠牲者を支援したい、有志連合のメンバーと協力するには人道支援しかないという気持ちもあったかもしれないが、その他の動機もあったと思われる。それは、人道援助団体を通して情報・諜報収集をし「軍事介入」をすることで、国益とビジネスの機会を拡大したかったのではないかということだ。

これらの人道支援の目的を一つずつ解説する前に、まず人道原則を簡単に説明する。

人道原則は現実的なのか

人道支援団体は必ずといっていいほど、「我々は人道原則に沿って活動しています」とアピールしている。もともと一九六五年に開催された赤十字国際会議で、公平性、中立性、独立性と人道性などを含む七つの普遍的な原則が決議された。そして国連総会でも一九九一年と二〇〇四年、人道支援は公平性、中立性、独立性と人道性の原則に従って提供すべきという決議が採択された。しかし現実に、特に紛争地という政治的な場所において、それらを守ることが出来るのかを問う必要がある。

人道性以外の原則は論争を引き起こしているため、それぞれを説明しよう。公平性とは、人道支援を行う上で、受益者の国籍、人種、ジェンダー、宗教、階級や政治的意見によって不利な差別をせず、必要性によってのみ優先度を決定することを指す。中立性は、人道支援者が紛争当事者（政府、反政府勢力、「テロ組織」など）のいずれの一方にも偏らず、政治的、人種的、宗教的、あるいはイデオロギー的な性質の論争に従事してはならないことを意味する。独立性は、政治的、経済的、軍事的などいかなる立場にも左右されず、自主性を保ちながら人道支援を実施することである。国連やNGO自身が政府や他のスポンサーによって振り回されることなく、活動内容などの決定権を持っていることを指す。

国連やNGOがこの人道原則をどのような行動で維持するのかについて、十分に議論も理解もされていないように思える。おそらくどの紛争の文脈においても、本原則は常に「不完全か、弱いか、あるいは単に不在」しているのだが、現在、人道支援が軍事目的で利用されていることがますます明白になったため、完全に失われたと言える。それについて説明しよう。

そして独立性に関してだが、人道支援が西洋諸国主導の「グローバル・ビジネス」になった現在、どの団体も個人寄付を収集できたとしても、各団体の全予算からするとその割合は圧倒的に少なく、ほとんどが西洋諸国とNATOの政府からの資金協力に依存している。

第一章で言及したEUとトルコ間の取引に関して、MSFは、EUの資金を拒否すると主張した。それは、この取引はニーズを必要とする者の助けにならず、単なる国境管理であるとし、EUからの資金を受け取って、同時に、そのEUの政策の犠牲者を治療することはできないと説明した。このように拠出国に異論を唱える行動は、特に日本の人道支援団体の間ではまれだろう。

公平性に関して、ほとんどの人道支援団体は、難民らのニーズというより、主に拠出国のニーズ、そして活動候補現場のセキュリティとアクセスの良さに応じて、活動地を選ぶ傾向がある。あるNGOは、難民のニーズというより、ある職員や知人が活動候補地域の知見を持っているために、その活動地を決めたと正直に話した。UNHCRのように、現地政府の許可がある限り、世界各地で難民や避難民を保護する任務がある機関や、国際的なネットワークと資金があるNGOは別だが、小規模な団体がニーズのある地域にどこにでも公平に派遣することはまず不可能である。

そもそもNGOがどの国・地域で、どの対象者（難民や避難民、その中で、子ども、青年、年配者、女性といった特定のグループ）を支援するかを選択する時点で、すでに公平性を失っていると言えるだろう。NGO職員は所属している団体のサバイバルのために、拠出国が関心を示している国や地域にプレゼンスを置くことが重要なのだ。言い換えると、例えば、アメリカがイスラエルに長年援助していることからわかるように、現地で特にニーズがなくても、また他の国や地域でもっと苦悩している人がいても、資金を持つ大規模なNGOでない限り、NGO独自だけでどこに支援すべきなのかは決断できない。

このことから、あるNGOの職員いわく、NGOはNon-governmental（非政府）ではなく、Near-Governmental（政府に近い）組織であることが多いのだ。

公平性が欠乏している点は、「国際社会」において特にアフリカ難民の優先順位が大変低いことからもわかる。一九九九年、コソボ難民が問題視されていた際、コソボ人一人当たり一・二三ドルの支援が費やされたのに対して、アフリカの難民はたったの一一セント、何とコソボ人の一〇分の一以下だったのだ。もちろん物価の違いもあるが、「国際社会」による対アフリカの差別意識も当然あるだろう。二〇〇四年クリスマスの翌日に発生したインド洋大津波の一カ月後に、私はインドネシアのアチェに入った際に、アフリカの勤務地で見られないほどの膨大な量の援助物資に驚いた。

中立性に関して、もし紛争当事者のどちらかのアクターが明らかに加害者である場合、どのように活動できようか。同団体は紛争地域（付近）の難民や避難民へのアクセスを確保したいし、また拠出国からの資金と国際的な地位も得るため「政治的な」発言や行為を控える傾向がある。軍隊による残虐行為に公な場で口出しすると、現地政府に即国外追放されるかもしれなく、そのような例はルワンダやエリトリアなどで過去に何度も起きている。

しかし被害者である難民からするとどうだろうか。確かに紛争地域では、さまざまな操作があるために、被害者と加害者の明白な区別がなかなかつかないことがあるが、多種のソースを用いて分析すると、どの紛争アクターが正論を主張しているのかという判断を下すことができる。それをせず、紛争アクターが犯した重罪を黙認しながら支援し続けると、その支援が結局加害者をサポートする武器となる。よって、中立性の維持は現実的に不可能なのだ。

その上、中立に関してほとんど議論されていない重要な点がある。紛争アクターに肩入れをせず、紛争の犠牲者である文民さえ支援すれば、中立性を維持できると信じている団体が多いようだが、この行為自体が紛争そのものに肩入れすることになる。なぜなら、文民だからといって紛争や政治に関与していないとは限らないからだ。市民の中に、政治的なオピニオンリーダーや片方の紛争アクターを支援する人がいたり、また武装勢力の要員が自己防衛のために、「偽装文民」として文民の中に混在し、意図的に隠れる場合がある。そのため、人道団体が純粋に難民や避難民を支援することにより、結果的に彼らを危険な目に遭わせてしまうことがあるのだ。

†日本の国益に利用される支援

人道原則の公平性に明記されている「必要性」が別の意味で守られ、拠出国の日本政府が難民支援を国益として利用した事例を二つ挙げよう。

まず、私がコンゴの首都キンシャサのUNHCR事務所で勤務していた二〇〇二年頃のこと。日本政府の支援物資として、突然、乾パン数十箱を受け取った。通常の支援ではなく、事前に受け取ることも告知されていなかった。それはともかく、箱に明記されていた賞味期限を確認すると、乾パン箱を受け取ったほんの数日後であった。賞味期限後に乾パンを食べても命に関わることはないが、難民の中にそのように考えない人がいる。「我々に賞味期限後のものを食べさせて、『食べても大丈夫』という、何かの実験の目的に難民を使っているのか」と難民が抗議することがある。

日本の乾パンの賞味期限は和暦で明記されているために、外国人にはわからない。たまたまそれを受け取ったのが日本人の私だったが、外国にいる間、和暦を使用しないため、最初私も明白な賞味期限がわからなかった。箱の中には何の説明書も添えられていなかったために、日本大使館員に電話し、賞味期限が確認できた次第だ。

急いでトラックを用意して、最寄りのアンゴラ難民キャンプに乾パンを輸送し、翌日、難民に配布してもらった。そして乾パンを受け取った時の難民の大喜びしている写真を日本大使館に依頼されていたため、同僚に撮ってもらった。

後で聞いたところによると、日本政府は地震などの緊急事態用の保存食の賞味期限が切れる前に、政府開発援助（ODA）の一環として「日本政府からの寄贈品」という名の下で、アジアやアフリカ諸国に輸送することが通常化している。特に緊急事態があったわけでも、アンゴラ難民のニーズがあったわけでもなく、賞味期限が切れる前に配布する必要があるという日本政府の緊急ニーズのために、難民が「国益の道具」、また「便利な存在」として利用された。難民も援助がもらえた、そして援助国のイメージも高まったという意味ではどちらもwin-winになるが、素直に喜べない。

二つ目の例として、一九九四年一〇月から一二月の三カ月間、コンゴ東部に派遣された自衛

1960年代に建てられたウガンダの難民定住地の入り口にある現地政府、UNHCRとNGOの看板。各団体の「ビジビリティ」が明白だ（2015年、筆者撮影）

隊のルワンダ難民救援隊は、ＰＫＯ法に基づく、日本最初の人道的な国際救援活動であった。同難民の緊急支援で恩恵を受けた同隊隊長の著書にこう明記されている。

> ルワンダ難民救援隊は、ルワンダ難民を救援するために派遣されたのだが、出国前には医療、防疫、給水の分野でどこまでやればいいのか悩んだ。指揮官としては救援活動について達成すべき具体的な目標を示したい。でもそれが無理だとわかり、最小限滞在国ザイール（注――現在のコンゴ）の国旗とともに「日の丸」を掲揚することを具体的な目標にした。（神本、二〇〇四）

何とも正直で、わかりやすいことか！　ビジビリティ（可視化）の重要性について第二章で言及したが、まさにそれが主要な目標であることは明白だ。

このような日本の国益を考えるにあたって、日本の「親分」であるアメリカとの関係も注視しなければならないと思う。アフリカと日本の外交関係を長年研究された森川純氏によると、

日本のアフリカ外交はアメリカと西ヨーロッパを追随する傾向があり、その傾向は今後も続くであろう。冷戦から冷戦後の移行という不安定な国際的な環境において、日本はアメリカと西ヨーロッパ諸国との連携、また日本の存在と繁栄を保つために、それまで以上に大幅にこれらの国々と協力する必要がある。(Morikawa, 1997)

とのことだ。つまり日米地位協定とはアジア太平洋地域内のみに限定されておらず、アフリカ大陸や他の地域においても適用していると言えるだろう。言い換えると、日本政府による人道支援はおそらく、日本政府が追随しているアメリカの戦略地を中心に展開されているのだ。

私がそれに気づき始めたのは、「ジャパン・プラットフォーム」[6]の計九加盟団体が、二〇〇六年から紛争が勃発した二〇一三年末まで、南スーダンに活動を展開したからだ。私は当時コンゴ東部で勤務しており、なぜ南スーダンに日本のNGOがこれだけ集中し、コンゴには一団体もないのか疑問に思っていた。加盟団体に聞いたところ、二〇〇五年に南北包括和平合意

（CPA）が署名されたために現地で活動が展開しやすかったという。逆にコンゴの場合は、「そのような合意がないため入りにくい」とのことだが、人道支援とは和平合意があろうとなかろうと、現地のニーズに沿って実施するものだ。第五章で述べたように、和平合意に期待してはならず、それだけをもとに人道支援などの行動をとってはならない。

もしNGOの人権原則に含まれている公平性、つまり相手のニーズに沿って支援を行うなら、長年にわたって放棄された西サハラはどうなのだろうか。またなぜ忘れられた緊急事態が続いている中央アフリカ共和国に、日本のNGOが数多く派遣されていないのか。フランス語圏の国は言語の問題から活動が展開できないのだろうか。その一方で、同じフランス語圏であるハイチには、二〇一〇年の大地震後、日本のNGO一〇団体と共に自衛隊が現地入りをした。その背景には、ハイチがアメリカの庭のような国であり、日米関係の影響があると考えられる。

当然南スーダンとハイチの事例だけで、日米同盟と人道支援の関係性について断言できず、他の事例も分析しなければならないが、その可能性は高いと言えるだろう。なぜなら、アメリカ政府はこれまでNGOや同盟国を国益や軍事目的のために利用（悪用）してきたからだ。

2 アメリカ政府・軍の人道支援の利用——政府とNGOの関係

†民軍協力と人道支援の軍事利用

人道支援は軍事利用された歴史が長いが、特に一九九〇年代に「民軍協力」という、国連機関やNGOを含む文民組織と軍隊組織間の協力に留意したい。

「民軍協力」の発端は、一九九一年の湾岸戦争後にイラクに発生したクルド難民危機だった。この協力の目的は、相互の長所、つまり文民組織による弱者へのきめ細かいサービスと、軍事組織の防護と組織的な兵站・工兵能力を補充しあいながら効率的に支援することであり、その後も、ボスニア、コソボ、東ティモール、アフガニスタン、ハイチなどで協力が続いている。

二〇〇一年の九・一一の直後に、アフガニスタンへの「対テロ戦争」が開始されたが、その翌月、コリン・パウエル米国務長官（当時）は、NGOを「我々の戦闘チームの重要な一翼を担い、我々にとって戦力多重増強要員（a force multiplier）」と認識している。第二次世界大戦以降、NGOはすでに戦力多重増強要員であったものの、国務長官による正式な表明はこれが初めてであった。同国務長官は在外アメリカ大使にも、政府とNGO間の最高の関係を築くように呼びかける意思を表明した。その他、NATO事務総長は二〇一〇年、アフガニスタンにおけるNGOは、軍事戦略の「ソフトパワー」の役割を有するという考えを表明した。

しかし「対テロ戦争」が始まってから、民軍協力の意図は、「NGOを使って情報収集をすること」が明らかになった（二〇〇九年、オバマ大統領のアフガニスタン特使の発言）。それを証明した代表的な出来事が二〇一一年に起きた。CIAに雇用されたパキスタン人医師がポリオ（小児マヒ）の予防接種を装って、ウサーマ・ビン・ラディンの家族らからDNAサンプルを採取したことだ。その翌年、同国で予防接種を担当していたガーナ人の医師が狙撃されたが、それは予防接種がアメリカのスパイ活動と疑われたからと言われている。

それと関係しているのか、二〇一一年、ソマリアにおける飢餓の際に、アルシャバーブは人道支援団体が「人口調査、予防注射の報告、地雷除去調査、栄養分析と称して、データ収集をし、不正な政策やプログラムに使用している」とし、予防接種を禁止し数団体を追放した。

その上、アメリカ主導の連合軍は人道支援の提供と引き換えに、現地の市民に情報提供を強いた。二〇〇四年に、連合軍はアフガニスタンで、「人道支援を継続してほしければ、タリバン、アルカイダなどに関する情報を渡すように」や「連合軍を攻撃したら、援助を受け取れなくなる」と明記したチラシを市民に配布した。

†CIAとNGOの協力——救援者、それともスパイか

さまざまな人道支援団体が世界各地の紛争地で活動している中、アメリカのNGOが情報収集のソースとしてCIAに利用されていることは、日本ではあまり議論されていない。CIAのホームページによると、ルワンダの虐殺、コンゴの戦争や難民の大移動など、一九九〇年代に大湖地域で起きた危機が転機となり、以降、CIAとNGOの間で協力関係が強化し、CIAとNGO間で情報共有をしている。現地の大使館員と違って、地方に派遣されているNGOは危機に関する情報を有し、時おりその情報共有がアメリカ政府の政策となっている。

またCIAは情報収集だけでなく、一部のNGOを武器輸送の手段として利用していることは、すでに多くのジャーナリストが指摘している。(7) その上、あるハリウッド映画は、CIAスパイと紛争（周辺）地域で働く人道支援団体の関係性について描き、論争を引き起こしたことがある。

その映画とは、UNHCRのアンジェリーナ・ジョリー親善大使（現在は特使）が主演し、二〇〇三年に公開された『すべては愛のために』。日本においてはタイトル通り恋愛ストーリーとして知られ、映画監督もそう強調した。しかし、この映画の原題は'Beyond Borders'なので、直訳すれば「国境を越えて」だ。つまり、国境を越えた人道支援活動、あるいは国境を

越えた難民をイメージしたタイトルなのである。

しかし、それ以外にも、隠れた意味合いがあると思われる。それは、人道支援団体が、本来の活動の「域を超えた」行為に従事していることだ。実際に映画の中に、ICRCの職員がゲリラに拉致されたNGOの医者について、「彼は単なる医者ではなく、救援の域を超えて活動していた」と話すシーンがある。

興味深いのは、慈善団体っぽい名前の名刺を有したCIAスパイが、慈善団体のパーティー会場やNGOが活動する紛争地域などさまざまな場所に登場することだ。そこでは、難民用の食糧の資金が不足しているために、上記のNGOの医者がCIAに助けを求め、同医者がCIAから大金を受け取り、カンボジアのクメール・ルージュ支配地域に住む子供にワクチンを打つために薬品を輸送する途中で、その物資の中に隠されていた武器、コンピューターや機密書類が没収される。同医者はそれに関して、「救援活動を続けるために、武器を輸送するしかなかった」と白状したのだ。

本映画は、世界中の紛争地域で人道支援団体が厳しい環境で人命救助に貢献している事実を描き、そうした団体にとっては格好の広報宣伝になったと思われるだろう。しかし、同映画の公開で、CIAの指導下で救助機関が働いているというイメージが広まれば、現場で働く職員たちの命が危険にさらされると、欧米や日本のNGOの間では不評だった。これについて一切報道しなかった日本の大手メディアとは逆に、西洋の大手メディアは大々的に取り上げた。

映画監督は何を題材に本映画を作製したのか不明だが、残念ながら、CIA陰謀説は映画の中だけでなく、現実に起きている。例えば、アメリカ人の人道支援者がスパイと誤解されてか、一九九五年にチェチェンで殺害された事件があった。その名はフレッド・クニー氏で、災害復旧のスペシャリストとして、一九六九年より数々の人道支援プロジェクトで活動した。ビアフラ（ナイジェリア）、グアテマラ、エチオピア、イラク、ソマリア、ボスニアといった国々・地域を回り、前出のソロス氏が会長を務めるオープン・ソサエティ協会と密接な協力関係にあった。

そのクニー氏は、秘密裏に雇われた政府エージェントだと多くの人から信じられていた。その理由として、政府の力に頼ることなくしては実現不可能と思われる次の二つの救援活動を成功させたことが挙げられる。湾岸戦争後、トルコ・イラク国境沿いに避難していた約四〇万人のイラクのクルド人難民を、クニー氏は実質的にたった一人で、現地の米国軍の指揮官から協力を取りつけ、一〇〇日以内に無事帰還させた。また、サラエボでは、輸送物資で満杯状態の国連の救援機C-130に、大型のトレーラーを優先的に運ばせ、セルビア人によって破壊された水処理プラントを見事再建したことだ。

一九九五年四月、クニー氏と赤十字の医師二人、そして通訳が停戦合意に向けて交渉中のチエチェン共和国で消息を絶った。クニー氏はジョハル・ドゥダエフ氏（チェチェン大統領側）から安全を保障されていたが、ロシア勢力は彼らがロシアのスパイであるという情報操作を行い、チェチェン側勢力（諜報機関）はそれを信じ、処刑したと考えられている。四名は消息を絶ったまま、未だに発見されていない。

†アメリカのNGOがCIAの下請けに

また本映画の内容について、アメリカの大手NGO、IRC（国際救済委員会）は「我々は銃を密輸していない。（人道）原則とガイドラインがあり、我々はそれらに従っている」と述べたが、これも真実ではない。

多くのアメリカNGOは、アメリカの外交政策の道具として使われてきた歴史がある。その政策とは、例えばパキスタン人がソ連との和解を支持せず、アフガンへのソ連侵攻に抵抗し続けるために、アメリカ政府が援助することだ。パキスタンの難民キャンプで活動していたCARE、Catholic Relief Service、IRCなどのアメリカのNGOは、アメリカ政府から資金を受け取っていた見返りに、アメリカの政策に応えていた。アメリカ政府のNGOの軍事利用は、「対テロ戦争」以降、劇的に顕著になったが、実はそれ以前から始まっており、中でもIRCがアメリカ政府とCIAの下請けであることはよく知られている。

ＩＲＣは、ナチス・ドイツからユダヤ難民を脱出させるための手段として、アルベルト・アインシュタインによって一九三三年に設立され、エレノア・ルーズベルト（ファーストレディ）などの支援も受けていた。一九五〇年代以降アメリカ外交の役割を補い、グローバルな団体に発展したが、それはＩＲＣの理事に、キッシンジャー元国務長官（元難民）といった諜報や国家安全保障に関わる大物の名前が連なったことも影響している。

ＩＲＣが取り組んだ「半分人道的、半分軍事的な支援」の事例は、一九九六〜九七年の第一次コンゴ戦争で見られた。アメリカ政府は当時のモブツ政権の打倒のために、ＡＦＤＬに直接兵站の支援をしただけでなく、ＩＲＣを通して、コンゴ東部の州都の二カ所に高射砲隊を設置した上に、食糧配給という手段で反政府勢力の公務員に給料を支払った。

私もコンゴで勤務していた際に、ＩＲＣの内密の活動について、同僚と共に耳にしたことがよくある。その活動とは、コンゴ東部に勤務していた国連やＮＧＯの外国人職員が、第二次コンゴ戦争開始の一九九八年に国外に避難する中、ＩＲＣは反対に戦闘地に飛び込み、航空機で武器を輸送していたことだ。

他にも、武器輸送は確認されていないが、ＣＩＡがＩＲＣ以外の機関を通して、人道支援に関わる事例もある。援助団体は、援助物資の輸送のために航空会社やトラック会社と契約を結ぶことがあるが、一九六九年から一九七三年まで、ＣＩＡが所有していたサザン・エアは、一九九〇年代にＵＮＨＣＲや赤十字と契約を結び、ソマリアやエチオピア難民の帰還や援助物資の輸送に使われた。

映画『すべては愛のために』に話を戻すと、ＣＩＡが慈善団体っぽい名前の名刺を提示したシーンも、実話に基づいている。パキスタンの新聞によると、アメリカ海軍兵士、警備員やスパイが偽パスポートを有しながら、アメリカに拠点がある名高い国際ＮＧＯの名前を使って、あるいは実在しないニセの人道支援ＮＧＯの下に、滞在していたと報道した。このような機密の行為によって、人道支援が展開している現地では難民らによる外国人の人道支援者に対する不信感が増大している。

†ＮＧＯのキャンペーンを使って軍事介入か？

二〇一二年に、全世界で賛否両論を呼んだ動画と米軍の介入の関係性について触れよう。

一九八六年、ウガンダ北部に創設された「神の抵抗軍（ＬＲＡ）」という反政府勢力は、特に子供兵士の動員で悪評だ。そのリーダー、ジョセフ・コニー氏は、ＩＣＣが二〇〇五年に発行した逮捕状によれば、彼の罪状は三三にものぼり、人道に対する罪と戦争犯罪がともに問われている。そのコニー氏は、「Kony 2012」というドキュメンタリー動画が世界を席巻したおかげで、ネット上で有名になった。アメリカの団体（Inc. と付いているが、非営利組織であるようだ）「インビジブル・チルドレン（Invisible Children）」が本動画を製作し、数名のセレブを巻き込み、アメリカの高校生までが動員された。

しかし、ウガンダの内戦に関する説明はほとんどなく、その動画の目的がいま一つ不明だ。コニーが無名なので、彼のポスターをあちこち貼って、腕輪やTシャツなどキャンペーングッズを着けて世界で有名にする必要があると訴えていた。そして最終的に彼を逮捕させるために、国際社会からの圧力をかけるという単純なものだ。本団体のロビー活動が効いたからか、オバマ大統領はコニーを逮捕するために、アフリカ中央部への米軍の派遣を承認した。そして二〇一一年一〇月に米軍が派兵された。

動画が誤解を招いたのは、まず米軍が介入すれば解決できるという間違った大前提で、話が進められていたことだ。しかし現実は全くの反対で、米軍が介入すればするほど、平和と安定は訪れない。それは、アメリカの軍事介入により不安定化したアフガニスタンやイラクで十分に証明された。また、たとえコニーが逮捕されたとしても、LRAの解散やウガンダに平和が訪れる保証は全然ない。ましてや二〇〇八年あたりから、LRAはスーダン南部、コンゴ北東部と中央アフリカ共和国に活動を展開し、現地で人権侵害を犯し続けている。

それにしても、なぜ二〇一二年に、本キャンペーンが実施されたのか。同年にオバマ大統領の再選があり、オバマ氏を応援するために本動画がつくられ、米軍の派遣を正当化するためだったのではないかという見解がある。実際の意図は不明だが、ただ一点確実なのは、キャンペーンが五年以上経った現在もまだコニー氏は逮捕されず、米軍もウガンダで「軍事訓練」などの理由で居続けていることである。そもそも本当にコニー氏を逮捕する意図があったのかも疑わしい。

当然のことながら、民と軍の協力やNGOの軍事利用を「アメリカの問題」としてのみ扱うことはできない。安倍政権は、NGOの軍事利用をもくろんでいると疑われる一連の決定を、着々と下しているからだ。国家安全保障会議の設置と国家安全保障戦略の策定、武器輸出三原則から防衛装備移転三原則への改定、集団的自衛権行使容認の閣議決定。それに加えて、新たな「開発協力大綱」の閣議決定によって、それまでの原則で禁じられてきた、他国軍の活動への非軍事的な支援が可能になった。外務省によると、ここで言う「開発協力」とは、狭義の「開発」のみならず、人道支援なども含め広くとらえている。安倍首相はこれら一連の政策の基本理念として「積極的平和主義」を提起しているが、そもそも「積極的平和」という用語が、平和学で用いられている本来の概念と違う意味で使われている。これらの動きで難民はますます犠牲になるかもしれない。

3　人道支援の複雑さと今後の課題

†現地アクターの軍事利用

これまでの議論をまとめると、人道支援は軍事的・外交的介入の代替品とも言われるが、実際に政治的活動そのものであり、あるＵＮＨＣＲ職員は、政治行動の便利な手段としてとらえるべきだと主張している。国連安全保障理事会といった政治的な機関が政治的な無活動を回避し、世間の批判から逃れるために、時おり「人道支援」を都合よく利用している。

例えば、ルワンダの虐殺における国連の不介入は有名な話だが、その後発生したルワンダ難民への人道支援は、まるで虐殺時の政治的無活動を隠すように大規模に行われた。そのため、研究者のダニエル・ワーナー氏によると、「人道」は「権力者が政治的な行動をとる責任を放棄すること」を意味しているという。また援助物資は権力を意味し、さまざまな人々をあやつることができる。人道支援は現地の軍関係者によって、主に軍事目的のために利用（悪用）されるが、それは七つに大別できよう。

第一に、援助物資が強制移動の手段として使われている点だ。帰還を促進するために食糧援助が減量されたり、軍関係者が食糧配給を呼びかけて、配給に集まった難民をトラックなどに乗せる方法はすでに述べた。

第二に、国際機関やNGOが現地NGOや難民を対象に実施される研修や教育プログラムが、時おり武装グループの目的を果たすために悪用されることだ。例えば、保健ワーカーやメカニックといった技術は必ず戦闘地で役立つため、研修を受けた人々は徴兵されやすい（第一章のブルンジ難民の事例）。

第三に、人道支援を使って地方レベルで国家権力が拡大できるため、国際的な認知と政治的目標の強化に役立つこともある。例えば、アンゴラ政府は反政府勢力との内戦中、国際機関からの援助物資を、まるで自分たちが市民に寄贈したかのように振る舞った。それによって市民は政府を支持し、それが選挙では反政府勢力に不利になるなど大きなダメージを与えた。

第四に、援助物資の配布以外に、人道支援団体も「おとり」として使われることがある。その使用目的は難民の居場所を確認するためだが、ルワンダ政府軍とAFDLが一九九六〜九七年、コンゴ北東部の森林に隠れていた難民をおびき寄せ殺害するために、MSFを利用した。ルワンダ政府軍の「ファシリテーター」役は援助関係者との連携を担当したが、その業務とは、MSFをエスコートしたり、難民が集中する地域にルワンダ政府軍を案内することだった。MSFの移動診療所の医療支援を受けるために難民が森から出てくると、このファシリテーターがルワンダ政府軍とAFDLに報告した。そしてMSFが移動した後に、ルワンダ政府軍が、難民が集中している地域を「軍事ゾーン」（危険地域）と認定し、援助関係者によるアクセスを禁止した。それは、ルワンダ政府軍が難民を殺戮するためであり、人道支援団体がアクセスの許可を与えられた時には、難民はすでにいなくなっていた。

同様な人道支援のおとりは、一九八〇年代にエチオピアでの人工的な飢饉と住民の強制移動の際にも利用された。このエチオピアの悲劇がきっかけで、英米の「バンド・エイド」と「ライブ・エイド」のコンサートが全世界的な反響を呼んだが、その裏で、現地の救済センター（＝強制収容所）は強制移動政策の落とし穴と化し、NGOはそこに住民をおびき寄せる餌の役割を果たしていた。

第五に、援助物資、また国連やNGOの車輛が政府軍と反政府勢力に略奪、あるいは「借用」され、その後、返却されないことがある。たとえ援助物資が難民の手に届けられたとしても、その物資は簡単に政府軍や反政府勢力によって略奪されることがある。私がコンゴで勤務していた際に、新品のビニールシートを避難民に配布した翌日に、それらがすべてコンゴ政府軍に略奪された光景を目撃した。その物資を売却して軍人は新たに武器を手に入れるという悪循環を繰り返すことで、軍事化を促進し戦争経済を支えることになる。

一九九六〜九七年、コンゴ政府軍が武器輸送のために、国連専用機をハイジャックした。コンゴ政府軍は外国の人道支援団体に偽装して難民キャンプの上空を飛び、キャンプ内に住む旧ルワンダ政府軍の兵士や民兵に武器を空中投下した。と同時に、ルワンダ政府軍が支援していた「コンゴ」反政府勢力（ＡＦＤＬ）も武器を輸送するために、援助団体から車輌とガソリンを盗んだ。これが明らかだったのは、反政府勢力が車輌に付いていた国際ＮＧＯのロゴをステッカーを外すことなく、またペイントで隠さずにそのまま使用したからである。ペイントする時間やペイント代が不足していたという問題ではなく、国際ＮＧＯのロゴを意図的に残すことで軍事作戦を隠し、人道支援団体が罪を犯しているという錯覚に陥らせる。実際に当時、現地にいたルワンダ難民に聞くと、ＵＮＨＣＲが当時の戦争に加担していたと思い込み、ＵＮＨＣＲに不信感を抱いたという。車輌とガソリンに加えて、国連やＮＧＯが従事する道路の整備も、一般的に武装グループなどの動きを促進するために役立つ。

また、車輌などのハイジャック以外に、スーダンとエチオピア政府は駐屯地に武器を輸送するるのに、援助物資の貨物を利用した。それは、救急車、消防車とパトカーが信号無視していいと認識されているように、援助物資や人道支援の目的が人命救助でかつ緊急であるため、ほとんどの場合、誰も物資の中身を疑うことなく検査されない。

第六に、現地の武装勢力が外国政府や国連機関からの資金調達のために、ＮＧＯを設立することがある。一九七〇年に設立された反政府勢力・エリトリア人民解放戦線（ＥＰＬＦ、現与党）は、一九九一年にエリトリア独立を実現させた、最も恒久的で成功した解放運動の一つと言われているが、そのEPLFの下に「エリトリア救援組織」というNGOが築かれた。そのNGOは、エリトリア難民と避難民の支援が名目だったが、真の狙いは「国際NGOと欧米諸国は、解放運動組織よりも『救援団体』に資金する方が政治的に好ましいから」であった。

同様なことはコンゴ東部でも見られる。元知事でかつ反政府勢力の元リーダーが創設したNGO「すべてに平和と開発を」（TPD）は、創設当初、UNHCRの事業実施パートナーとして難民の帰還に関わっていた。しかし数年後に、自衛部隊の設立や武器輸送に関わるなど「人道的」とはほど遠い、政治的・軍事的アジェンダを有するようになった。あるいは創設以前から、軍事利用することを計画していたかもしれない。それはともかく、同NGOは、国連安保理の決議に基づく経済制裁リスト（資産凍結と渡航禁止）の団体にも掲載された。

第七に、武装勢力が軍事作戦のために、緊急支援を使用することだ。武装勢力は長年の蓄積もあってか、援助団体を洗練した形で利用してきた。南部スーダン（現在の南スーダンが二〇一一年に独立する前）で使用された戦略があまりにも見事なので、紹介する。

一九九二年、リエック・マーシャル南スーダン元副大統領（当時SPLMから分裂した反政府リーダー）は、南部スーダンのワットの町に駐屯地本部の軍事緩衝地帯を築くために、国連やNGOを利用（悪用）した。そこで、マーシャル氏は国連に、ユアイという村にある川が乾季

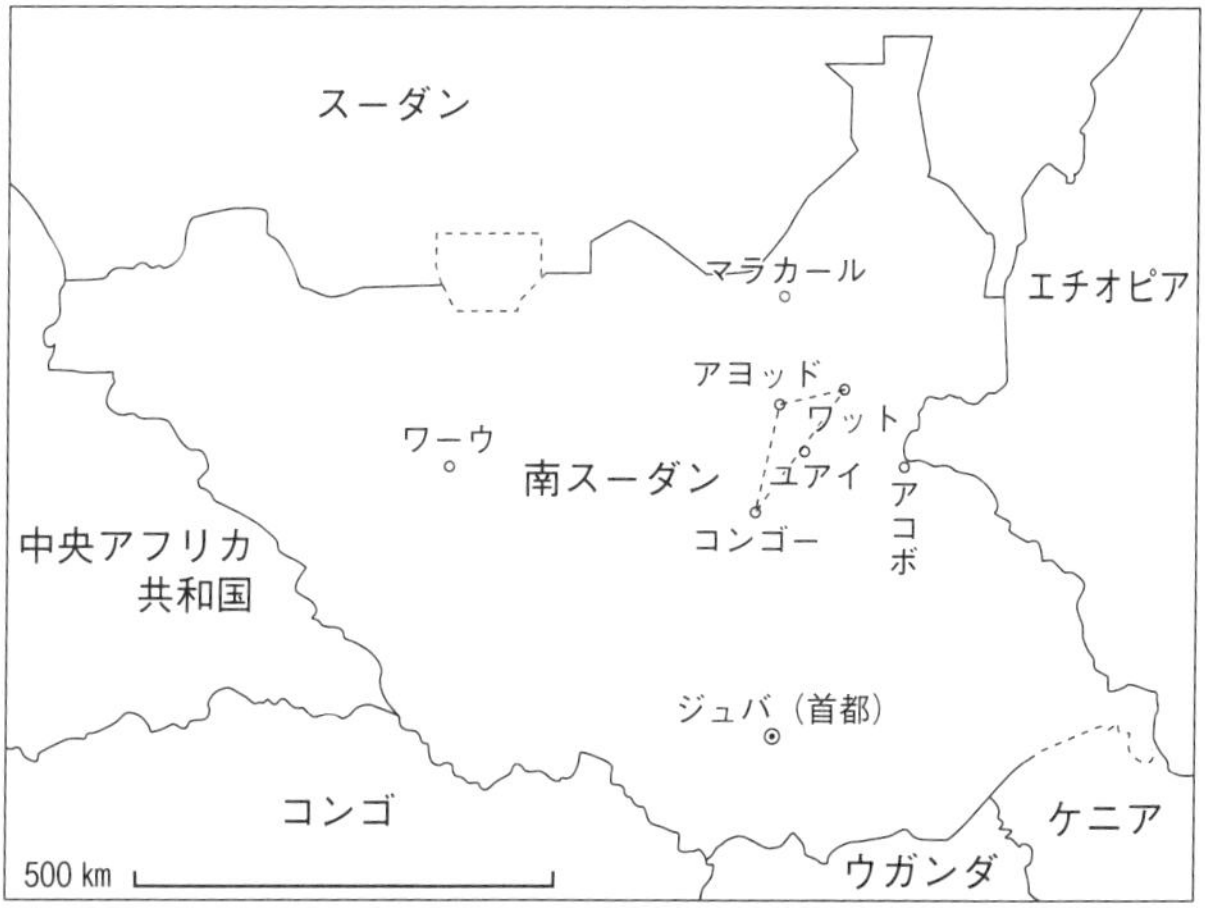

南スーダンの地図。現地の武装勢力が軍事作戦のために支援を悪用した。

のため漁業ができないという理由（口実）を作って、食糧援助をお願いした。援助が輸送される前に、実際にマーシャル勢力はワットの住民を何千人単位でユアイに移動させた。そのため、NGOとWFPは選択肢のないまま、食糧と薬品の空輸を開始し、そのせいでもっと多くの市民を引き寄せることになった。

その時、マーシャル氏はコンゴー、アヨッドとワットの三角地帯とアコボを支配していたが、彼は駐屯地本部をワットからユアイに移動させた。それは、ユアイ駐屯地本部が他の駐屯地と絶縁し、その本部で国際支援団体が市民を支援していたように表向きは見えた。が、一九九三年、SPLM（マーシャル氏がもともといた反政府勢力）がユアイを襲撃した際に、マーシャル氏が意図していたように、メディアは軍事駐屯地ではなく救済センターが攻撃されたと報道したのである。人道支援と人工的な「避難民」が、まさに悪質な軍事作戦として使われたのだ。

†人道支援が脅威に

前述の通り、一九九〇年代以降、人道支援の分野にさまざまなアクターが関与するようになったが、その中でも民間警備会社を含む軍関係者と国際刑事裁判所（ICC）の傾向と特徴に注目したい。

まず米軍は、「人心掌握」（winning hearts and mind）という文字通りの「心と頭を摑む」という意味の戦術の下で、人道復興プロジェクトを実施している。この「人心掌握」の目的は、難民や現地人への支援を通して、軍隊に対する敵愾心を取り除きシンパを増やすことである。東日本大震災の直後、米軍が自衛隊と合同で緊急支援を含む「トモダチ作戦」を展開したが、それも人心掌握として認識できるだろう。また、第三章でムスリムの組織がラマダン中に難民に肉を提供したことに言及したが、文民組織も同様に人身掌握を行うことがある。

ところが前述の民軍関係が進むにつれて、問題視されている点が二つある。一点目は、人道的性格を持つ軍関係者、いわゆる「人道兵士」が出現していることだ。軍関係者が人道支援者に変身するだけでなく、その逆に、人道支援者が軍関係者に変身する可能性も意味する。そうすると文民と軍人（あるいは「テロ組織」）の間、そして人道的空間と戦闘地域間の区別がつかなくなる。それは、援助物資と軍事機器にも当てはまることだ。典型的な事例ではないだろうが、アフガニスタンでは米軍用機がクラスター爆弾をタリバン勢力支配地域と思われる所に落下し、同時に文民用に食糧も落としたが、どちらの外装も同じ色だったために、現地住民はその識別ができなかった。

二点目は、難民などの人命を助け、彼らのニーズに応じるという人道支援の目的が段々曖昧になっていることである。人道支援とは無償でなければならず、支援を使って情報の「購入」は許されない。しかし場所によっては、支援の基準が相手側のニーズに沿って提供される「ニーズ・ベース」（公平性）から、情報収集と引き換えに提供される「脅迫ベース」に変わっている。また、住民も、援助が「武器」になる危険性や、情報と引き換えに援助物資を受け取ることで命が犠牲になることを知っているため、時には支援の受け取りさえ拒否する。

次に「対テロ戦争」が始まって以降、アメリカ政府がアメリカのＮＧＯをますます諜報のために利用していることについて言及したが、それ以外に、二〇〇〇年代以降の動きで留意せねばならない点がある。それは二〇〇二年に、国家指導者らの重大犯罪を裁く常設国際法廷として設立されたＩＣＣの存在だ。それによって他の国際ＮＧＯも情報収集、また諜報に関与していると疑われているのだ。

その典型的な例が二〇〇九年、ICCが戦争犯罪と人道に対する罪の容疑でスーダンのバシール大統領の逮捕状の発行を発表したことだ。ICCが設立されて以来、現職国家元首への逮捕状発行は初めてだった。この後、スーダン政府は、ダルフール地方で支援活動を行っていた、MSFなど外国NGOの一三団体に退去命令を出した。これらの団体は避難民の人権侵害の状況をモニターしていたのだが、その情報をまとめてICCに手渡した可能性がある。その後も、他の団体もさまざまな理由で追放されたが、その中にはUNHCRが「レイプ探知装置」を配布したという理由もあった。

このように人道的な行動が軍事、司法と政治的な介入と一致するにつれて、人道と政治的・軍事的なアジェンダが曖昧になっている。それによって人道支援団体に対する暴力が増し、難民らへのアクセスが限定されることになりうるのだ。

おわりに

難民に関する新書を書きたいと思ったのは、単なる現在の「難民ブーム」に乗ろうという動機からではない。以前から、難民に関する誤解や偏見をなくし、難民を取り巻く政治的環境に関する認知度を高める必要性を痛感していた。それは、自身のＵＮＨＣＲ職員として勤務していた現場での経験や、これまで行ってきた難民の聞き取り調査を含む研究や教育を通じて感じたことだ。

その高めなければならない認知度とは何かというと、二つに大別できる。

まず、日本における難民関連の議論点や研究テーマが、主に日本国内に限定したもの――日本社会での難民受け入れの是非や難民認定数の低さ――や、現在移動中の難民への緊急対応が多く、それ以外の難民の問題が十分に知られていない点だ。そもそも難民問題は人命救助という「人道問題」としてとらえるより、彼らの「基本的人権の侵害」という重大な罪、あるいは「政治問題」として認識する必要がある。

二点目は、難民の定義を超えて、そもそも難民とはどのような人々で、社会においてどのような立場にいるのかという基本知識について、案外知られていない点だ。一般的に、難民とは「紛争などから逃げた、かわいそうな犠牲者」というイメージが強いと思うが、さらに突っ込んで、誰によって、どのように、そしてなぜ犠牲になったのかという問いにきちんと答えられる人は多くないと思う。「難民はＩＳＩＳやボコハラムのようなテロ組織によって犠牲になった」とわかっていても、実は他のアクターもさまざまな理由上、絡んでいることがどれだけ知られているだろうか。

気品が高く、上品である大多数の国連職員に比べて、草の根タイプの私は難民に大変近い存在だったと思う。私がＵＮＨＣＲに勤務していた頃、上司らから時おり「あなたは難民との接し方が上手ね」と褒められることがよくあった。自分では特別なことをした自覚はない。単に難民の実情をより理解するために、時間が許す限り難民キャンプ内を歩き回ったり、なるべく多くの難民の声に耳を傾けたり、話をするように心がけただけである。業務以外でも、機会がある限り難民に接するようにした。

しかし今思えば、私と難民の関係は大変浅く、実のところ私は難民の核心となる問題についてわかっていなかったのである。特に、本書で記述しているように、難民、避難民と帰還民が大変政治的な環境におり、いかに「国際社会」によってあやつられてきたかを十分に理解していなかった。

私がこのような問題をなぜ理解していなかったのか。その理由は主に三つ挙げられる。

第一に、ＵＮＨＣＲに勤務していた頃、自分に批判的思考が不足していた。ＵＮＨＣＲの政策などに関する疑問を先輩や上司に聞くことはあっても、基本的にＵＮＨＣＲの保護や支援方法などを鵜呑みにしていた。また私が、難民が大量移動する緊急事態への対応に忙しく、立ち止まって考える余裕がなかったこともある。難民に限らず、さまざまな問題の解決策を追求するためにも批判的思考が必然であることに気づいたのは、研究に本格的に取り組み始めた時である。

第二に、私がＵＮＨＣＲという組織を退職してから、個人として難民と接するようになり、難民が置かれている政治的環境を客観的に見ることができたことである。難民側からすると、ＵＮＨＣＲ職員は「大ボス」の存在なので、難民はな

「何かを忘れていませんか？」難民を保護するというＵＮＨＣＲのロゴから、主人公の難民がその枠組みから逃げている（ケニア・ダダーブ難民キャンプにて、2000年、筆者撮影）

かなか苦情など本音を話すことができない。私が研究者・活動家として難民から話を聞くうちに、UNHCR職員だった時に見えていなかった、あるいは見ようとしなかった難民や人道支援などの問題点が、マクロの視点でわかるようになった。そして情けないことに、UNHCRの退職後にやっと難民の定義にある「十分に理由のある恐怖」の本質が理解できたのである。もちろんUNHCRでの現場経験はマイナスではなかった。それがあったからこそ、難民側とUNHCR・NGO側の事情、そして政治的な文脈をある程度把握でき、それが現在の研究や活動にも役立っている。

私が難民から（ほぼ）本音を聞くことができるのは、私が難民の出身国でもその近隣国の出身でもない、第三者であるという要因も大きいだろう。利害関係や限定された表現の自由などの理由上、難民は同国人であろうと、なかなか心を割って話すことができないことがある。それに加えて、私が、難民発生の主な原因である紛争を分析し、紛争アクターを批判した論文を数本発表したり演説をしているからか、難民は、私が権力側ではなく彼ら側にいると思っていることだろう（少なくともそう信じたい）。難民のように、「国際社会」から放棄され、「国際社会」に不信感を抱いている人々と信頼を築くには、聞き手は当然誠実さと強い関心も重要だが、難民に寄り添っているという公式な証拠（論文、エッセイ、演説など）を示すことも重要であろう。

そして第三に、UNHCRを退職後、私は大学で難民や人道支援に関する科目を担当することになり、UNHCR、難民や人道支援に関する政策や行動を批判した論文や文献を読みあさったおかげで、目から鱗の経験したことが挙げられる。と同時に、自省することもしばしばあった。

特に、バーバラ氏の鋭い考察や批判的な分析を通して、難民の保護や支援のあり方について振り返ることができた。伝統的な難民研究とは主に難民法を意味していたが、バーバラ氏は、それ以外の学問の領域からも難民を研究し、そして何よりも難民自身が難民学に貢献すべきだと訴えた世界最初のパイオニアである。

メアリー・アンダーソン氏が一九九九年に出版した*Do no harm: How Aid Can Support Peace-Or War*（『諸刃の援助――紛争地での援助の二面性』大平剛訳、明石ライブラリー、二〇〇六）が援助業界の中でベストセラーになり、do no harm（害を与えてはいけない）が人道支援や開発援助の原則となったため、アンダーソン氏が初めて人道支援の批判をしたように勘違いする研究者や実務家がいる。しかし、バーバラ氏は一九八六年、*Imposing Aid: Emergency Assistance to Refugees*（『押し付け援助――難民への緊急援助』）を出版し、初めて人道支援を批判したのだ。

そのバーバラ氏ともっと早く出会えなかったことを残念に思うが、氏が共同ディレクターであるRights in Exile Programmeという団体を通して二〇一四年に知り合い、ルワンダ難民のネットワークを通じて親しくなったことは大変幸運である。第五章で前述したように、ルワンダ難民の問題はUNHCR内外で「タブー」となっているようだが、上記の団体は、世界で唯一ルワンダ難民地位の終了条項に反対意見を訴え続けている。

バーバラ氏は過去三〇年間にわたって、日本人を含む世界の研究者や実務家に大きな影響を与えてきた。氏はUNHCRの痛いところをビシビシと批判することで知られているが、彼女の良さを知っている人は全員が同意するように、難民にとってなくてはならない存在である。これほど世界の難民の命に長年献身的に尽くしてきた方は他にいないだろう。難民自身が「(二〇一七年現在、八六歳の)バーバラ氏が亡くなったら我々はどうなるのだろうか」と本気で心配するぐらいである。氏からの紹介を受けて難民に会うと、初対面にもかかわらず、最初から心を開いて話してくれるぐらい信頼されている偉大な「難民の母」なのだ。

ルワンダやコンゴ難民の聞き取り調査のために、一部自費を使った。その他に、立教大学の平成二四年度文部科学省選定大学間連携共同教育推進事業「国際機関等との連携による国際協力人材育成プログラム」の財源により実施した調査結果の一部を使用した。それに加えて、JSPS科研費JP16H05699の助成を受けた。

第三章、第四章と第六章の一部は、二〇一三年から二〇一五年にかけて、インデペンデント・ウェブ・ジャーナル（ＩＷＪ）に寄稿したものをもとに構成した。貴重な機会を与えて下さったＩＷＪに、本書の印税の一部を寄付する予定だ。

本書の第一章、第二章、第五章の事実確認は、ビジネス・人権資料センター駐日代表の高橋宗瑠氏にお願いした。高橋氏はオックスフォード大学院でバーバラ氏から指導を受け、アムネスティにて難民の保護に従事し、国連機関でも長年勤務した。また第三章と第四章の事実確認は、長年アフリカの難民の調査と研究に従事してきた神戸学院大学教授の杉木明子氏にお願いした。私の研究仲間であるお二方に感謝の意を表したい。一方、貴重な助言をいただきながらそれでも残っているかもしれない誤りや理解不足については、筆者に責任がある。

筑摩書房の編集者の松田健氏にもお礼を申し上げたい。筆がなかなか進まず、また何回も修正をした私に根気よくつきあってくださり、また新書の基礎を含めてさまざまなことを丁寧に教え、指導してくださった。そしていつもサポートしてくれる家族にもお礼を言いたい。

最後に、これまで出会った数多くの難民、避難民と帰還民のおかげで本書を完成することができた。「国際社会」から振り回され、傷つけられながらも（私もその一人かもしれない）、それに耐えながらも賢明に生きてきた姿を見て多くを学んだ。一人一人に感謝の意を述べたい。そして、世界の難民を本当の意味で保護しているバーバラ氏と仲間たちを支えるために、バーバラ氏の仲間によって設立された「ハレル＝ボンド基金」、またその他、難民自身が運営している団体に、本書の印税の一部を寄付する。

本書を通じて、一般の人が抱いている難民への誤解や先入観が少しでも取り除かれ、私の自省やその他の問題から何かを学び、難民への理解が少しでも深まれば幸いである。

注

（1）スワヒリ語で「（コンゴ東部・南キブ州の地名である）ムレンゲの人々」を意味する。バニャムレンゲは民族名ではなく、南キブ州に住むルワンダ系（ツチ）コンゴ人を指す。バニャムレンゲという呼び方は一九六〇年代に難民として避難したルワンダ人と、その二〇〇〇年前以降、移住してきたルワンダ人を区別するために、後者によって一九六〇年頃に名付けられたとされる。

（2）Mercy International の本部はカナダかアメリカにあり、ケニア以外にも、エチオピア、ソマリアやスーダンでも活動し、設立目的は、対ソ連のアフガニスタン・ジハード（聖戦、奮闘、努力）、そして戦争からパキスタンに逃れたアフガニスタン人を助けることであった。M.A.Mohamed Salih, 'Islamic N.G.Os in Africa: The Promise and Peril of Islamic Voluntarism,' Alex de Waal ed. *Islamism and Its Enemies in the Horn of Africa* (Bloomington: Indiana University Press, 2004) 171; 9/11 Research Wiki, http://911research.wikia.com/wiki/Mercy_International

（3）一九九七年二月に、国連職員五名（カンボジア人一名、イギリス人一名、ルワンダ人三名）がルワンダ南西部で待ち伏せされ、殺害された。RPF軍に敵対する武装勢力が犯したとされる。また国際NGOの世界の医療団のスペイン人職員三名がある殺戮現場を目撃したために、一九九七年一月にルワンダ政府軍によって殺害された。Abdul Joshua. *Rwanda, L'histoire Secrète* (Panama, 2005), 429-431.

（4）一九九六年の第一次戦争の際、アメリカや南アなどの企業は当時AFDLの報道官であったL・カビラ氏と契約を結んだ。その企業の中には、クリントン大統領（当時）の出身地アーカンサスに本社を持つアメリカン・ミネラル・フィールド社も含まれていた。L・カビラ氏はこれらの企業に、戦争のための資金を提供するという条件と交換に、ダイヤモンドの独占権を与えた。しかし、その後L・カビラ氏は、武装勢力報道官のリーダーから大統領という公的な立場に変わったので、改めて合法的に企業と契約を結び直そうとしたが、アメリカの企業は拒否した。そのため、L・カビラ大統領はこれらの契約を無効にし、マレーシアや中国などアジアの国々と契約を締結した。その中に北朝鮮が含まれていたかは不明だが、一つ明らかなのは北朝鮮軍がコンゴ軍に軍事訓練の協力を行い、その見返りとして鉱物資源が北朝鮮に提供されたことである。アフリカを利用してきたアメリカであるが、L・カビラ大統領に裏切られた。L・カビラ大統領がその後二〇〇一年に暗殺されたのは、単なる偶然の一致かどうか不明である。

（5）二〇一五年二月一日のロイターの記事 'Islamic State says it has beheaded second Japanese hostage Goto' から、そのように理解できる。'Islamic State militants said they had beheaded a second Japanese hostage, …; prompting Prime Minister Shinzo Abe to vow to step up humanitarian aid to the group's opponents in the Middle East and help bring his killers to justice.'
http://www.reuters.com/article/2015/02/01/us-mideast-crisis-japan-hostage-idUSKBN0L40VA20150201

（6）ジャパン・プラットフォームとは、「NGO・経済界・政府等の社会の主要パートナーをつなぐ、日本発の新しい緊急人道支援のしくみで、……日本の加盟NGOを、さまざまな形でサポートする中間支援団体です」http://www.japan-platform.org/about/jp.html

（7）ジャン＝マリー・ショーヴィエ、岡林祐子・斎藤かぐみ訳『「オレンジ革命」と米ロの影』ル・モンド・ディプロマティーク日本語・電子版（二〇〇五年一月号）http://www.diplo.jp/articles05/0501-2.html

・ウェイン・マドセン『アメリカのカラー革命支援の歴史を書き換えるケリー国務長官』（Kerry Re-writes History of U.S. Support for Color Revolutions）*Strategic Culture Foundation Online Journal*（二〇一五年三月六日）
http://eigokiji.cocolog-nifty.com/blog/2015/03/post-79c2.html

・ウェイン・マドセン『ウクライナ――NATOの東方の獲物』*Strategic Culture Foundation Online Journal*（二〇一三年一二月一六日）http://eigokiji.cocolog-nifty.com/blog/2013/12/nato-07ed.html

・CIA／NATOの〝汚い戦争〟作戦の匂い漂うイラクISIS
http://eigokiji.cocolog-nifty.com/blog/2014/06/cianatoisis-cec.html

Bradbury M. & M. Kleinman. 'Winning Hearts and Minds? Examining the Relationship Between Aid and Security in Kenya', Feinstein International Center, April 2010.

Brassard-Boudreau, C. and D. Hubert, 'Shrinking Humanitarian Space? Trends and Prospects on Security and Access', *The Journal of Humanitarian Assistance*, November 24, 2010.

Chester, E.T. *Covert Network: Progressives, the International Rescue Committee and the CIA* (M.E. Sharpe, 1995).

Ferreiro, M. 'Blurring of Lines in Complex Emergencies: Consequences for the Humanitarian Community', *The Journal of Humanitarian Assistance*, December 24, 2012.

The Guardian, 'Hollywood tale of aid worker in cahoots with CIA sparks dismay', November 15, 2003.

The Guardian, 'Pentagon forced to withdraw leaflet linking aid to information on Taliban', May 6, 2004.

ICRC, 'Applying the humanitarian principles: Reflecting on the experience of the International Committee of the Red Cross', *International Review of the Red Cross* (2016), 97 (897/898).

IRIN, 'French NGO accused of trafficking children', October 26, 2007,

Lischer, S. K. 'Military Intervention and the Humanitarian "Force Multiplier."' *Global Governance*. Vol. 13, No. 1. 2007.

Medécins Sans Frontières,'Humanitarian Assistance Unable to Reach Afghans in War-Torn Southern Regions', May 9, 2004.

Morikawa, J. *Japan and Africa: Big Business and Diplomacy* (Hurst, 1997).

The Nations, 'Spy or Savior?', July 8 1999.

New York Times, 'Gunmen Attack U.N. Vehicle in Pakistan, Wounding Polio Doctor', July 17, 2012.

OXFAM, 'Whose Aid is it Anyway? Politicizing aid in conflict and crises', 145 OXFAM Briefing Paper, February 10, 2011.

Pomfret, J. 'Aid Dilemma: Keeping it from the Oppressors; U.N., Charities Find Crises Make Them Tools of War,' *Washington Post*, September 23, 1997.

Predergast, J. *Frontline Diplomacy: Humanitarian Aid and Conflict in Africa* (Lynne Rienner, 1996).

Reyntjens, F. *The Great African War: Congo and Regional Geopolitics*, 1996-2006 (Cambridge University Press, 2009).

UNSC, S/2006/525, 18 July 2006, 44; S/RES/1596, 3 May 2005.

Young, J. 'The Tigray People's Liberation Front', C. Clapham ed. *African Guerrillas* (James Currey, 1998).

University Press, 1989).
Manzi, M. 'The Wake of Prematurity of the Cessation Clause: Rwandan Government Orchestrating New Forms of Serious Threats against Rwandan Refugees in Uganda', January 2015.
Ogata, S. 'Remarks at a Conference of the Carnegie Commission on the Prevention of Deadly Conflict', Geneve, February 17, 1997.
Siddiqui, Y. 'Reviewing the application of the Cessation Clause of the 1951 Convention relating to the status of refugees in Africa', Refugee Studies Centre, University of Oxford, Working Paper Series No. 76, August 2011.
Takahashi, S. 'The UNHCR Handbook on Voluntary Repatriation: *The Emphasis of Return over Protection', International Journal of Refugee Law*, Vol. 9, No.4, 1997.
Taylor I. & P. Williams, "South African Foreign Policy and the Great Lakes Crisis: African Renaissance Meets Vagabondage Politique?," *African Affairs* Vol. 100, Issue 399, 2001.
UNHCR, Statement of the High Commissioner to the 42nd session of the Executive Committee, October 7, 1991.
UNHCR, 'Cessation of Status', No. 69 (XLIII) – 1992.
UNHCR, 'Ogata urges Rwandan refugees to consider repatriation', October 25, 1996.
UNHCR, 'Guidelines on International Protection No. 3: Cessation of Refugee Status under Article 1C (5) and (6) of the 1951 Convention relating to the Status of Refugees', February 10, 2003.
UNHCR, 'Implication of the Comprehensive Strategy for the Rwandan Refugee', December 2011.
Whitaker, B.E. 'Changing Priorities in Refugee Protection: The Rwandan Repatriation from Tanzania', *Refugee Survey Quarterly*, Vol. 21, No.1&2, 2002.

第六章

神本光伸『わが国最初の人道的国際救援活動――ルワンダ難民救援隊　ザイール・ゴマの80日』(内外出版、2004年)
ギヨーム・ダンドロー『ＮＧＯと人道支援活動』西海真樹・中井愛子訳(白水社、2005年)
谷山博史『「積極的平和主義」は、紛争地になにをもたらすか?!――ＮＧＯからの警鐘』(合同出版、2015年)
Allié, M-P. 'Introduction: Acting at Any Price?', C. Magone et al eds. *Humanitarian Negotiations Revealed: The MSF Experience*. (Hurst & Company, 2011).
Barnett M. and T. G. Weiss, *Humanitarianism Contested: Where Angels Fear to Tread* (Routledge, 2011).

Rudasingwa, T. *Healing A Nation, A Testimony: Waging and Winning a Peaceful Revolution to Unite and Heal Broken Rwanda* (CreateSpace Independent Publishing Platform, 2013).

Ruzibiza, A. J. *Rwanda, L'histoire Secrète* (Panama, 2005).

The Star, 'Toronto lawyer claims he's target of death threat from Rwandan government', April 11, 2015.

UNSC. S/RES/912, April 21, 1994.

UNSC. S/2002/1146, October 16, 2002.

Yonekawa, M. 'The Prolonged and Flawed Nature of Contemporary Conflict and peace Processes "Spoiler" Phenomenon in the OR Congo', *Peace Econouic Ctobal and Social Challenges*, Shawn Gonzales ed. (NOVA Science Publisher, 2016).

第五章

米川正子「なぜコンゴ民主共和国東部の治安が回復しないのか？――コンゴとルワンダの安全保障の意図と国連の中立性の問題」『国際安全保障』第41巻第４号、2014年３月

Amnesty International, 'Memorandum to the Government of Uganda about the Cessation Clause of Refugee Protection for Rwandans', AFR 59/021/2011, December 2011.

Bradol, J-H & A. Guibert (Médecins Sans Frontières), 'Le temps des assassins et l'espace humanitaire, Rwanda, Kivu, 1994-1997,' Hérodote 86/87, 1997.

Crisp, J. 'The Politics of Repatriation: Ethiopian Refugees in Djibouti 1977-83', *Review of African Political Economy*, Vol.11, No.30, Autumn 1984.

Cuny, F. & Barry Stein, 'Prospects for and Promotion of Spontaneous Repatriation',

HRW, 'Rwanda: A New Catastrophe?: Increased International Efforts Required to Punish Genocide and Prevent further Bloodshed', Vol. 6, No. 12, December 1994.

HRW/Helsinki, "Return to Tajikistan: Continued Regional and Ethnic Tensions," *A Human Rights Watch Short Report*, Vol. 7, No. 9, May 1995.

HRW, *Uncertain Refuge: International Failures to Protect Refugees*, Vol. 9. No.1 (G), April 1997.

HRW, *Justice Compromised: The Legacy of Rwanda's Community-Based Gacaca Courts*, May 31, 2011.

HRW, 'Rwanda: Repression Across Borders, Attack and Threats Against Rwandan Opponents and Critics Abroad', January 28, 2014.

International Crisis Group, 'Storm Clouds over Sun City: The Urgent Need to Recast the Congolese Peace Process', May 14, 2002.

Loescher G. & L. Monahan eds., *Refugees and International Refugee* (Oxford

Verdirame, G. & B. Harrell-Bond, Rights in Exile: *Janus-Faced Humanitarianism*（Berghahn, 2005）.（第四章でも参照）
Waldron, S. and N. Hasci, *Somali Refugees in Horn of Africa: State of the Art Literature Review*, Studies on Emergency and Disaster Relief, 1995.

第四章

立教大学「世界難民の日」国際シンポジウム報告書「ルワンダの虐殺と国際協力――残虐行為と難民流出をどう予防すべきか」2014年
立教大学・国際シンポジウム報告書「なぜアフリカの紛争は長期化するのか？――大国の役割の観点から」2015年
BBC, 'Rwanda's Untold Story', 2014.
Betts A. & W. Jones. *Mobilising the Diaspora: How Refugees Challenge Authoritarianism*（Cambridge University Press, 2016）.
Del Ponte, C. *Madame Prosecutor: Confrontations with Humanity's Worst Criminals and Culture of Impunity*（Other Press, 2009）.
Des Forges, A. *Leave None to Tell the Story: Genocide in Rwanda*, HRW, 1999.（第五章でも参照）
Global Post, 'Rwanda News: Sweden expels Rwanda diplomat for spying', February 14, 2012.
Keen, D. *Useful Enemies : When Waging War is More Important Than Winning Them*（Yale University Press, 2012）.
Kleine-Ahlbrandt, S.T.E. 'The Kibeho crisis: towards a more effective system of international protection for IDPs', *Forced Migration Review*, August 1998.
Lemarchand, R. *Burundi: Ethnic Conflict and Genocide*（Cambridge University Press, 1996）.
Madson, W. *Genocide and Covert Operations in Africa 1993-1999*,（Edwin Mellen Pr, 1999）.（第六章でも参照）
Mamdani, M. *When Victims Become Killers, Colonialism, Nativism, and the Genocide in Rwanda*（Princeton University Press, 2002）.
Purdekova, A. 'Even if I am not here, there are so many eyes: surveillance and state reach in Rwanda', *The Journal of Modern African Studies*, Vol. 49, Issue 3, September 2011.
Radio France International, 'Patrick Karegeya : «Nous savons d'où les missiles sont partis»', July 9, 2013.
Rever, J. and G. York,'Assassination in Africa: Inside the plots to kill Rwanda's dissidents', *The Globe and Mail*, May 2, 2014.
Rever, J. 'Witness in French inquiry into 1994 Rwanda plane crash disappears', *Digital Journal*, November 20, 2014.
Reyntjens, F. *Political Governance in Post-Genocide Rwanda*（Cambridge University Press, 2013）.（第五章、第六章でも参照）

Laker,F. 'Rethinking Internal Displacement: Geo-Political Games, Fragile States, & the Relief Industry', London School of Economics & Politlcal Science, PhD dissertation, June 2013.
Lemarchand, R. *Rwanda and Burundi*（Praeger Publishers, 1970）.
Makanya, S. T. 'The Desire to Return', T. Allen & H. Morsink eds., *When Refugees Go Home*（UNRISD, James Currey & Africa World Press 1994）.
Mwenda, A. 'Uganda's politics of foreign aid and violent conflict: the political use of LRA rebellion', T. Allen & K. Vlassenroot eds., *The Lord's Resistance Army: Myth and Reality*（Zed Books, 2010）.
Ndacyayisenga P-C, *Dying to Live: A Rwandan Family's Five-Year Flight Across the Congo*（Baraka Books, 2013）.（第四章、第六章でも参照）
Refugee International, 'Asylum Betrayed: Reruitment of Burundian Refugees in Rwanda', December 14, 2015.
Salih, M.A.M. 'Islamic N.G.O.s in Africa: The Promise and Peril of Islamic Voluntarism', *Islamism and Its Enemies in the Horn of Africa*, A. De Waal ed.（Indiana University Press, 2004）.
Smith, M. 'Warehousing Refugees: A Denial of Rights, a Waste of Humanity', *World Refugee Survey* 2004.
UNHCR, *Handbook for Emergencies: Part One Field Operations*, December 1982.
UNHCR, 'UNHCR receives report on Nairobi investigation' Press Release, January 25, 2002.
UNHCR, 'Kenya 1999 Annual Protection Report- Reporting Period November 1998-December 1999.
UNHCR, *Handbook for the Protection of Internally Displaced Persons*, 出版年不明
UNHCR Rwanda, 'Protection', 出版年不明
United Nations Security Council（UNSC）, *Report of the Group of Experts on the DRC*. S/2004/551, July 15, 2004.
UNSC *Report of the Group of Experts on the DRC*, S/2005/30, January 25, 2005.（第六章でも参照）
UNSC, *Final Report of the Group of Experts on the DRC*, S/2008/773, December 12, 2008.
UNSC, S/2010/91, 10 March 2010.
UNSC, *Addendum to the Interim Report of theGroup of Experts on the DRC*. S/2012/348/Add.1. June 27, 2012.
UNSC. 2012. *FinalReport of the Group of Experts on the DRC*, S/2012/843. November 15 2012.（第五章でも参照）
Verdirame, G. 'Human Rights and Refugees: The Case of Kenya', *Journal of Refugee Studies*, Vol. 12, No.1. 1999.

Zolberg, A. Suhrke and S. Aguayo, *Escape from Violence: Conflict and the Refugee Crisis in the Developing World*（Oxford University Press, 1989）.

第三章

杉木明子「アフリカにおける難民保護と国際難民レジーム」『アフリカと世界』川端正久・落合雄彦編著（晃洋書房、2012年）
米川正子「人道支援や平和構築の知恵——難民・避難民の視点で考える」『アフリカから学ぶ』峯陽一・武内進一・笹岡雄一編（有斐閣、2010年）
Africa Confidential, 'A Moral Victory', Vol 55, No.16, August 8, 2014,
Agier M. & F. Bouchet-Saulnier, 'Humanitarian Spaces: Spaces of Exception', Fabrice Weissman ed. *In the Shadow of 'Just Wars': Violence, Politics and Humanitarian Action*（Hurst & Company, 2003）.
Allen, T. & H. Morsink, 'Introduction: When Refugees Go Home', *When Refugees Go Home*, eds. by T. Allen & H. Morsink,（UNRISD, James Currey and Africa World Press, 1994）.（第五章でも参照）
Betts A. & G. Loescher, 'Refugees in International Relations', *Refugees in International Relations*, A. Betts & G. Loescher eds.,（Oxford Press, 2011）.
Crisp, J. 'A State of Insecurity: The Political Economy of Violence in Kenya's Refugee Camps', *African Affairs*, Vol. 99, Issue 397, 2000.
Daley, P. 'Refugees and under development in Africa: The case of Burundi refugees in Tanzania', D. Phil thesis, University of Oxford, 1989.
Gettleman, J. 'U.N. Report Accuses Rwanda of Training Rebels to Oust Burundian Leader', *New York Times*, February 4, 2016.
Forced Migration Review, 'Debate: Refugee camps reconsidered by Jeff Crisp and Karen Jacobsen', December 1998.
Hansen, S. J. *Al-Shabaab in Somalia: The History and Ideology of a Militant Islamist Group 2005-2012*（Hurst & Company, 2013）.
Harrell-Bond, B. 'Pitch the Tents', *The New Republic*, September 19&26, 1994.
Harrell-Bond, B. 'Are refugee camps good for children?', New Issues in Refugee Research, August 2000.
HRW, 'Kenya Recruits Somali Refugees to Fight Islamists Back Home in Somalia', November 10, 2009.
HRW, 'Democratic Republic of Congo: Civilians at Risk During Disarmament Operations,' 2015.
International Crisis Group, 'Kenya: Al-Shabaab – Closer to Home', September 25, 2014.
Kagwanja P. & M. Juma, 'Somali refugees: Protracted exile and shifting security frontiers', *Protracted Refugee Situations: Political, Human Rights and Security Implications*, G. Loescher et al. eds.（United Nations University, 2008）.

（University of Wisconsin Press, 2004）.（第二〜五章でも参照）
UNHCR, *Collection of International Instruments* and Legal Texts Concerning Refugees and Others of Concern to UNHCR, 1979.

第二章

阿部浩己『国際人権の地平』（現代人文社、2003年）（第三章でも参照）
緒方貞子『紛争と難民　緒方貞子の回想』（集英社、2006年）
高橋宗瑠『パレスチナ人は苦しみ続ける――なぜ国連は解決できないのか』（現代人文社、2015年）
Chimni, B.S. 'Globalization, Humanitarianism and the Erosion of Refugee Protection', *Journal of Refugee Studies*, Vol. 13, No.13, 2000.
Harrell-Bond, B. 'Along the Way Home', *Time Litertary Supplement*, May 5 2006
Holborn, L. *Refugees: A Problem of Our Time - The Work of the United Nations High Commissioner for Refugees, 1951-1972*（Scarecron Press, 1975）.
Human Rights Watch（HRW）, *Hidden in Plain View: Refugees Living Without Protection in Nairobi and Kampala*, 2002.（第三章でも参照）
Jacobson, K. 'Can refugees benefit the state? Refugee resources and African statebuilding', *Journal of Modern African Studies*, 40, 4, 2002.
Loescher, G. *Beyond Charity: International Cooperation and the Global Refugee Crisis*（Oxford University Press, 1996）.
Loescher, G. 'Humanitarianism and Politics in Central America', *Political Science Quarterly*, Vol. 103. No.2, Summer 1998.
Madsen, W. *Genocide and Covert Operations in Africa 1993-1999*,（Lewiston: The Edwin Mellen Press, 1999）.
Philpot, R. *Rwanda and the New Scramble for Africa: From Tragedy to Useful Imperial Fiction*（Baraka Books, 2013）.
Pottier, J. *Reimaging Rwanda:Conflict, Survival and Disinformation in the late 20th Century*（Cambridge University Press, 2002）.
Prunier. G. *Africa's World War: Congo, the Rwandan Genocide and the Making of a Continental Catastrophe*（Oxford University Press, 2009）.（第六章でも参照）
Salehyan, I and K. S. Gleditsch, 'Refugees and the Spread of Civil War', *International Organization*, 60, Spring 2006.
Takahashi, S. 'Recourse to Human Rights Treaty Bodies for Monitoring of the Refugee Convention', *Netherlands Quarterly of Human Rights*, Vol. 20/21, 2002.
UNHCR and Save the Children-UK, *Sexual Violence & Exploitation: The Experience of Refugee Children in Guinea, Liberia and Sierra Leone based on Initial Findings and Recommendations from Assessment Mission*, 22 October – 30 November 2001, February 2002.

主要参考文献

はじめに

Agier, M., *Managing the Undesirables: Refugee Camps and Humanitarian Government*, Polity, 2011.

第一章

阿部浩己『人権の国際化――国際人権法の挑戦』(現代人文社、2002年)

国連難民高等弁務官事務所『世界難民白書――人道活動の50年史』(時事通信社、2001年)(第三章、第四章でも参照)

杉木明子「長期滞留難民と国際社会の対応――アフリカの事例から」『難民・強制移動研究のフロンティア』墓田桂・杉木明子・池田丈佑・小澤藍編著(現代人文社、2014年)(第三章でも参照)

ジェームス・C・ハサウェイ『難民の地位に関する法』平野裕二、鈴木雅子訳(現代人文社、2008年)

高橋宗瑠「難民認定、人権か国益か」『論座』2002年10月

武内進一「紛争が強いる人口移動と人間の安全保障――アフリカ大湖地域の事例から」『人間の安全保障の射程――アフリカにおける課題』望月克哉編(アジア経済研究所、2006年)

米川正子『世界最悪の紛争「コンゴ」――平和以外に何でもある国』(創成社新書、2010年)

Coles, G. 'Approaching the Refugee Problem Today', G. Loescher & L. Monahan eds., *Refugees and International Refugee* (Oxford University Press, 1989). (第二章、第五章でも参照)

Douglas, E. 'The Problem of refugees in a strategic perspective', *Strategic Review*, Fall 1982.

Laker, F. 'Rethinking Internal Displacement: Geo-Political Games, Fragile States, & the Relief Industry', London School of Economics & Politlcal Science, PhD dissertation, June 2013, 19. (第三章でも参照)

Leno, A. 'Kenya must respect the human rights of Somali refugees', *Al Jazeera*, June 6, 2015.

Loescher, G. *The UNHCR and World Politics: A Perilous Path* (Oxford University Press, 2006). (第二章でも参照)

Makanya, S.T. 'Voluntary Repatriation in Africa in the 1990s: Issues and Challenges', *International Journal of Refugee Law*, Special Issues, July 1995.

Schultheis, M. J. 'Refugees in Africa: The Geopolitics of forced Displacement, *African Studies Review*, Vol. 32, No. 1, 1989.

Terry, F. *The Paradox of Humanitarian Action: Condemned to Repeat?* (Cornell University Press, 2002). (第三章、第六章でも参照)

Umutesi, M.B. *Surviving the Slaughter :The ordeal of a Rwandan refugee in Zaire*

ちくま新書
1240

あやつられる難民《なんみん》

――政府《せいふ》、国連《こくれん》、NGOのはざまで

二〇一七年二月一〇日　第一刷発行

著　者　米川正子（よねかわ・まさこ）

発行者　山野浩一

発行所　株式会社　筑摩書房
東京都台東区蔵前二-五-三　郵便番号一一一-八七五五
振替〇〇一六〇-八-四一二三

装幀者　間村俊一

印刷・製本　三松堂印刷　株式会社

乱丁・落丁本の場合は、左記宛にご送付ください。
送料小社負担でお取り替えいたします。
ご注文・お問い合わせも左記へお願いいたします。
〒三三一-八五〇七　さいたま市北区櫛引町二-六〇四
筑摩書房サービスセンター　電話〇四八-六五一-〇〇五三

ISBN978-4-480-06947-4 C0231

ちくま新書

1033
平和構築入門
──その思想と方法を問いなおす
篠田英朗
平和はいかにしてつくられるものなのか。武力介入や犯罪処罰、開発援助、人命救助など、その実際的手法と背景にある思想をわかりやすく解説する、必読の入門書。

465
憲法と平和を問いなおす
長谷部恭男
情緒論に陥りがちな改憲論議と冷静に向きあうには、そもそも何のための憲法かを問う視点が欠かせない。この国のかたちを決する大問題を考え抜く手がかりを示す。

1075
慰安婦問題
熊谷奈緒子
従軍慰安婦は、なぜいま問題なのか。背景にある戦後補償問題、アジア女性基金などの経緯を解説。特定の立場によらない、バランスのとれた多面的理解を試みる。

1016
日中対立
──習近平の中国をよむ
天児慧
大国主義へと突き進む共産党指導部は何を考えているのか？　内部資料などをもとに、権力構造を細密に分析し、大きな変節点を迎える日中関係を大胆に読み解く。

1031
北朝鮮で何が起きているのか
──金正恩体制の実相
伊豆見元
ミサイル発射、核実験、そして休戦協定白紙化──北朝鮮が挑発を繰り返す裏には、金正恩の深刻な権威不足があった。北朝鮮情勢分析の第一人者による最新の報告。

1152
自衛隊史
──防衛政策の七〇年
佐道明広
世界にも類を見ない軍事組織・自衛隊はどのようにできたのか。国際情勢の変動と平和主義の間で揺れ動いてきた防衛政策の全貌を描き出す、はじめての自衛隊全史。

1199
安保論争
細谷雄一
平和はいかにして実現可能なのか。安保関連法をめぐる激しい論戦のもと、この重要な問いが忘却されてきた。外交史の観点から、現代のあるべき安全保障を考える。